# 南湖名人寻踪录

戴纯青 著

中西書局

**图书在版编目(CIP)数据**

南湖名人寻踪录／戴纯青 著. —上海：中西书局，2022.8

ISBN 978-7-5475-1984-4

Ⅰ.①南… Ⅱ.①戴… Ⅲ.①名人-列传-嘉兴 Ⅳ.①K820.855.3

中国版本图书馆 CIP 数据核字(2022)第 136602 号

Nanhu Mingren Xunzong Lu

**南湖名人寻踪录**

**戴纯青 著**

**责任编辑** 唐少波
**装帧设计** 黄 骏
**责任印制** 朱人杰

**出版发行** 上海世纪出版集团
中西書局(www.zxpress.com.cn)
**地 址** 上海市闵行区号景路 159 弄 B 座(邮政编码：201101)
**印 刷** 启东市人民印刷有限公司
**开 本** 700×1000 毫米 1/16
**印 张** 12
**字 数** 198 000
**版 次** 2022 年 8 月第 1 版 2022 年 8 月第 1 次印刷
**书 号** ISBN 978-7-5475-1984-4/K·393
**定 价** 68.00 元

# 序

◇杨自强

业余研究地方文史，其实是件吃力不讨好的事。因为并非本职工作，不能以此来当成果、评教授，因为并非文学创作，也不能算是作家、评论家，最多只能混个含含糊糊的“文史学者”。须知“学者”这头衔，得是越专门、越冷僻才越显得有学问，“文史学者”，算是那门子的学者呢？有个朋友人家叫他“文化老人”，他开玩笑说，啥叫“文化老人”，就是说你写了一辈子文章，除了年纪大点，啥名堂也没有。如果真是这样，那么，地方文化研究者倘能从“文史学者”走到“文化老人”，就算是修成正果了。

我的意思是，如此情形下，一个人还能研究地方文化，那只能是出于喜欢，而像戴纯青这样，身居岭南，依然孜孜矻矻地研究嘉兴文史，那绝对是发自内心的真爱了。

我与戴纯青曾是报社的同事，共事数年，只知道她新闻报道写得不错，偶尔聊几句，说的也全是工作上的事。直到有一天，在部门微信公号上看到她写的嘉兴名人随笔，不由得眼前一亮，能把故纸堆挖出来的古人写得如此形神俱现、活色生香，足见才情。连着看了七八篇，一个个嘉兴历史上的古人抖落尘埃，来到我们身边，我们与古人之间漫长岁月就这么轻易地掀开了。心想，这将来要是结集出版，倒是很有特色的一本书。后来在评审嘉兴市文化精品扶持项目时，看到了这本《南湖名人寻踪录》，细细读了一遍。所以这次拿到清样再读，不少文章是读了三遍了。说句表扬与自我表扬的话：能让我读上三遍的文章，委实不多。

嘉兴素称“文物之邦”，名人多，名人的文章也做得多，即如这本书中的南湖名人，此前也都有人写过，但戴纯青的这本“寻踪录”，还是颇有引人入胜之处。我想，这大概在于其中所休现的“学、识、才”这三字。

名人所以著名，就在于“著（着）”此人之“名”的文章多，故而后出的文章，总得有点新鲜的“料”，才有看头，倘只是把前人引过的再引一遍，真所谓“甘蔗渣儿，嚼了又嚼，有何滋味?”这本“寻踪录”，读下来却是如入宝山，时有惊喜。比如冷谦，大多知道他是《倚天屠龙记》中的明教“五散人”，但他在历史上究竟如何？与嘉兴的关系又是如何？恐怕就知之不多了，冷谦一文，就把其事迹略略梳理了一遍。他如沈珪、徐再思、王元启、吕原等，也颇有一些“料”，显见得戴纯青是好好地读了一些方志笔记，下了一番爬罗剔抉工夫的。

文史研究，排比罗列材料，也不失为一种写法，但倘能由此生发，间或下一二“断语”，在出入古今间，挖掘人性里的善恶挣扎、智慧良心，则更可见得作者的见识与用心。有时一篇文章读下来，最后记得住的，也就是一句两句精彩的议论。比如说到丘为的淡泊谦和：“李白那样的‘天子呼来不上船’，狂气来自道家，自然是举世无双的诗仙风范，丘为的事亲至孝、进退有节，与其说是刻意谦卑，不如说是来自儒家‘从心所欲不逾矩’，这同样的一种诗人的风骨。”嚯，原来“诗人风骨”还可以这样说。比如柳如是投缳自尽，都道是为钱谦益族人所逼——“但当日面对一船砖块仍然神情洒落的河东君，何至于在阅尽风霜后仍向世俗低头？或者不如说，没有了钱谦益，此时世间已经没有了留下柳如是的理由，拚将一死酬知己，也算是这个奇女子为自己选择的最妥当的结局。”嗯，还可以这样解读？听着似乎有点道理啊。这样的文章读下来，人都会变得通透，看事物的视角也会变得不一样。

文史类的文章，很容易写得枯涩，其实，“文”的原意是文饰、花纹，“史”，《礼记》说“辞多则史”，孔子说“文胜质则史”，“文史”写得文采斐然乃是天经地义。而且，以生花妙笔来写地方文史，让更多的读者尤其是年轻读者看得进、记得住、传得开，不也是文史研究者应该追求的吗？这书的一个个标题，就很是精彩：“风号大树中天立，且读闲书纵酒杯，一片匠心在山林，曾说尼丘蔬水意”，要是不计较平仄，简直就是一首绝句。“轻肥岂是平生志，沧溟何处是故乡，赞化调元未尽才，内外从来本自光”，说是一首咏叹高士的小诗，也是挺合适的吧。讲到项圣谟画《大树风号图》：“那棵老树之于项圣谟，犹如菩提之于佛陀。那一刻，他不甘于死去的心，突然就明白了‘孤舟蓑笠翁，独钓寒江雪’的姿态，突然就读懂了什么是‘念天地之悠悠，独怆然而涕下’。”说丘为：“然而这位嘉兴君子，几乎没有伤春悲秋过。去者也好，来者也好；被记着也好，遗忘了，也好。茫茫百年，天地之间，踽踽独行的丘为，始终有最温和的面目，最自在的姿态。”时有落花至，远随流水香，一篇抒情散文也就是这个样子吧。

北宋时嘉兴有个沈珪，于制墨很有天分，“以意用胶，一出便有声称”，用现在的话说就是“出道即巅峰”。但他并未就此止步，而是千锤百炼、精益求精，终成一代制墨名家。这是戴纯青的第一本书，初试啼声便出手不凡，我期望她能像沈珪这样，不断地磨炼，写出“十年如石，一点如漆”的好文章。

（作者系嘉兴市作协主席）

# 目录

## 【第二辑　百世清芬】



## 【第三辑　碧血丹心】

## 【第四辑　嘉邑近曲】

第一辑

# 万古烟霞

# 丘为：百年心许沧江流

## 寻踪地：南湖

嘉兴南湖在历史上留下名字，大致要在五代十国以后，吴越国王钱镠第六子广陵郡王钱元璙任中吴节度使时，在湖畔筑宾舍，这里遂成了文人墨客往来之地。再往后，南宋的朱敦儒隐居于此，清初的吴伟业在此结社，乾隆多次登临烟雨楼都留下了无数诗篇。

很少有人知道的是，关于南湖的第一首诗，比造湖心岛和烟雨楼都早了七百年。那是唐朝诗人丘为的《湖中寄王侍御》："日日湖水上，好登湖上楼。终年不向郭，过午始梳头……"

丘为像

丘为这个名字，熟悉唐诗的人或许知道，《唐诗三百首》里，第一卷就收了他的《寻西山隐者不遇》。在他生活的年代，他是能与诗佛王维和"风雪夜归人"刘长卿相唱和的名家，然而，《丘为集》早已散佚，《全唐诗》里仅存诗 13 首，加上拾遗补充，也不过 18 首。于是一千多年下来，丘为也不过成了唐诗这条璀璨星河中寂寂无名的一颗，家乡人对他的印象也不免有些淡漠。

但是丘为有一项很了不起的记录，相传，他是唐代享寿最高的一位诗人，诗话和史书讲到他，都不忘补充一句，"卒年九十六"。

文学史上的盛唐，不过是从开元元年(713)到大历元年(766)的五十多年，丘为出生于武则天长寿三年(694)，卒于唐德宗贞元五年(789)，学诗在宫廷诗人沈佺期、宋之问名声大噪的初唐，穿越了整个盛唐的喧嚣繁华，落笔在白居易、刘禹锡、柳宗元声名鹊起的中唐。这漫长的一生，丘为看过了上百次花开，也送走了数不清的花落。

同样一份天纵之才，有人浓墨重彩、生如夏花；有人温文尔雅、细水长流。

太过惊艳出尘的才子，往往在人间留不住。写出了"落霞与孤鹜齐飞，秋水共长天一色”的王勃(650—676),享年二十七岁;写了“衰兰送客咸阳道,天若有情天亦老”的李贺(790—816),享年二十七岁;“此情可待成追忆,只是当时已惘然”的李商隐(813—858),也不过活了四十六岁。与之相反,风格相对平淡亲和的诗人,往往拥有更长的岁月可以浅斟低唱,比如贺知章(659—约744)活了八十六岁,白居易(772—846)活了七十五岁,刘长卿(709—约789)活了八十一岁。

活了九十六岁的丘为,在宁静致远上做到了极致,符合人们对长寿诗人的一切想象。明代唐汝询《唐诗解》说“丘为,苏人,未免染吴音,然亦清倩不凡”中,一边嫌弃他嘉兴口音重,一边赞许他清新淡雅。清代贺裳《载酒园诗话又编》的花式赞美更加全面,还诞生了“如坐春风”这个常用成语:“读丘为、祖咏诗,如坐春风中,令人心旷神怡。其人与摩诘友,诗亦相近,且终卷和平淡荡,无叫号嘄噭之音。唐诗人惟丘几近百岁,其诗固亦不干天和也。”

回头看那首传世之作《寻西山隐者不遇》:

绝顶一茅茨,直上三十里。扣关无僮仆,窥室唯案几。
若非巾柴车,应是钓秋水。差池不相见,黾勉空仰止。
草色新雨中,松声晚窗里。及兹契幽绝,自足荡心耳。
虽无宾主意,颇得清净理。兴尽方下山,何必待之子。

80个字,没有一字华丽亮眼,平铺直叙,讲的是春夏时一件再平淡不过的事情。得知山顶的茅屋里住着隐士,丘为专程上山拜访,主人不在,无缘相见,但是这一趟山中之旅欣赏了幽远的山水风光,同样获得了内心的平静,不虚此行。

辛苦走了三十里路,遇到也好,不遇也好;没有看见的隐士生活,打柴也好,钓鱼也好;山路崎岖难行,但一路上草色也好,松涛也好。这就是丘为的境界,同样是寻隐者不遇,跟他的淡泊豁达比起来,苦吟诗人贾岛的“松下问童子”都显得过于急促。正如《湖中寄王侍御》中提到的“骢马真傲吏,翛然无所求。晨趋玉阶下,心许沧江流”,自始至终明月照大江一样的心态,怎么可能不长寿?

漫长的人生冲淡了坎坷的痕迹,其实丘为的一生,并没有那么顺遂。根据《后唐书》的记载,丘为早年不得志,考了好多次进士都没中,又回乡读了很多年书。这一段经历，他著名的朋友们全都有记录。丘为去赶考，刘长卿作了一首《送丘为赴上都》：

帝乡何处是，歧路空垂泣。楚思愁暮多，川程带潮急。
潮归人不归，独向空塘立。

丘为落第，王维写过一首《送丘为落第归江东》：

怜君不得意，况复柳条春。为客黄金尽，还家白发新。
五湖三亩宅，万里一归人。知尔不能荐，羞为献纳臣。

天宝二年（743），已届知天命之年的丘为终于考中了进士，三十多年仕途也还算得上波澜不惊，到了七十多岁当上了正四品官太子右庶子，在太子的幕僚里是不低的位置了。

无论得志不得志，丘为都是同样的古君子之风。

《唐才子传》记载了关于他的两件事：一是丘为侍奉继母非常孝顺，以至于感动了天地，家里厅堂的台阶上长出了珍贵的灵芝。当官多年，丘为把当官俸禄的一半都给了继母。老人高寿，丘为八十岁辞官还乡，照顾她走完了最后一程。二是丘为备受王维等名人器重，未中进士之前已经颇有声望，县令特地来拜会他，丘为依然与普通读书人一样弯着腰恭恭敬敬地等候。县令坐下后，他拱手向上行礼，县令告辞走了，他才敢落座。每次骑马外出经过县署，丘为也一定要下马走着过衙门。

李白那样的“天子呼来不上船”，狂气来自道家，自然是举世无双的诗仙风范，丘为的事亲至孝、进退有节与其说是刻意谦卑，不如说是来自儒家的“从心所欲不逾矩”，这同样是一种诗人的风骨。

活得长了不起吗？“从心所欲不逾矩”近三十年，确实很了不起！一个人，从初唐到中唐，送走了一个朝代最繁华的段落，送走了那些诗文绚丽热闹的豪杰，甚至王维、刘长卿也都走在了前面。丘为大概率是寂寞的。

然而这位嘉兴君子，几乎没有伤春悲秋过。去者也好，来者也好；被记着也好，遗忘了，也好。茫茫百年，天地之间，踽踽独行的丘为，始终有最温和的面目、最自在的姿态。

# 刘禹锡:前度刘郎汉塘情

## 寻踪地:建设街道洲东湾

嘉兴子城旁有个洲东湾,现在是一片改造中的老旧小区。宁静的街巷里,早已寻觅不到千年前的足迹。

或许连老住户们都不知道,在中原那场扭转唐朝国运的安史之乱中,洲东湾曾经是许多达官贵人的避难所,名满天下的“诗豪”刘禹锡(772—842)就出生在此处。

刘禹锡像(《晚笑堂竹庄画传》)

根据刘禹锡的自传,他在嘉兴长到了十八岁,但大部分时候,他的气质跟江南不太沾边。

在他之前七十年,出生在中亚碎叶城(唐属安西都护府,今吉尔吉斯斯坦境内)的李白沿着蜀道奔向中原,拥抱对长安最浪漫的想象;而祖上同样来自西北的刘禹锡,从嘉兴一步步走回长安,每一步都拖着沉重的枷锁——盛世之下,很多人都能仰望星空,冥想天上白玉京;而当繁华散尽,世事纷争和民间疾苦越来越凸显,我们更需要的是凡人中的豪杰。这就是为什么盛唐有诗仙、诗圣、诗佛,而中唐的刘禹锡,要被称作诗豪。

嘉兴时常出名士,但很少出斗士。

刘禹锡一生常以诗文为刀剑,但回忆起在嘉兴的童年时光,笔触也忍不住柔软起来,比如他写给儿时同伴裴昌禹的《送裴处士应制举诗》中就写道:

忆得当年识君处,嘉禾驿后联墙住。
垂钩钓得王馀鱼,踏芳共登苏小墓。

中原望族们聚居在“嘉禾驿后”，虽是避难，却也并没有放松对子女的教育。刘禹锡有着那个年代最好的教育环境，父亲时常带他去吴兴拜访著名诗僧皎然、灵澈，或是去苏州见韦应物。后来《陋室铭》里那句“谈笑有鸿儒，往来无白丁”，有时被认为过于傲慢，但是小小年纪的刘禹锡，确实已经拥有了这样的文化资本。那个宁静而充满书香的江南造就了他，却也留不住他，他后来常说：“余少为江南客。”一个“客”字背后，是“江山信美，终非吾土”（元・王恽《平湖乐》）的感慨。

弱冠之年，刘禹锡终于回到了祖辈的中原。他游学洛阳、长安，迅速名动两京。很快，他进士及第，同年登博学宏词科。永贞元年（805），唐顺宗李诵即位，重用王叔文进行改革。“永贞革新”中，三十四岁的刘禹锡大受器重，第一次进入了权力集团最前沿。

在改革的最核心发光发热，这几乎是中国古代知识分子薪火相传的一种追求，甚至是李白和杜甫都曾梦想过却无从企及的位置。在长安城的最中心，刘禹锡风光无限的日子，时长八个月。

短暂巅峰的代价，是“巴山楚水凄凉地，二十三年弃置身”。

由于改革触犯了藩镇、宦官和大官僚们的利益，那一年秋天，改革宣告失败，唐顺宗被迫让位于太子李纯，改年号为元和，王叔文赐死，刘禹锡被贬朗州司马，位置在今天的湖南常德，当时是标准的穷乡僻壤。

他并不是没有东山再起的机会。元和十年（815），被贬朗州十年的刘禹锡终于被朝廷想起召回，那年春光明媚，他写了一首著名的《玄都观桃花》：

紫陌红尘拂面来，无人不道看花回。
玄都观里桃千树，尽是刘郎去后栽。

司汤达的《巴马修道院》里说，新贵最痛恨的就是失势贵族在他们面前摆老资格。刘禹锡回京时四十四岁，按说已过不惑之年，但因为看不惯小人得志，他主动去犯忌，在那个春天把自己重新打回了冬天。

因为这首诗，他被贬连州（今广东连县）刺史，幸好宰相裴度为他说话，以母老为由，让他初改四川夔州刺史，后移安徽和州当刺史。这一去，又是十多年。和州知县得了上级授意，几次三番难为他，就给了他一间仅能容下一床一桌一椅的破屋容身。

在这个还不如筒子楼的小房间里，诞生了《陋室铭》。

公元827年，唐文宗继位。被弃置了二十三年，刘禹锡终于又被想起来，回朝任主客郎中，后为礼部郎中。五十六岁，早应该知天命了。但刘禹锡斗争了一辈子，不平则鸣已经是一种习惯，于是有了那首更著名的《再游玄都观》：

百亩庭中半是苔，桃花净尽菜花开。
种桃道士归何处？前度刘郎今又来。

要不是晋国公裴度再次出手相助，礼部郎中刘禹锡差点就第三次被赶出京城。这之后白居易遇到他，也要感慨"亦知合被才名折，二十三年折太多"。不过刘禹锡本人倒是很看得开，写了那首著名的《酬乐天扬州初逢席上见赠》：

巴山楚水凄凉地，二十三年弃置身。
怀旧空吟闻笛赋，到乡翻似烂柯人。
沉舟侧畔千帆过，病树前头万木春。
今日听君歌一曲，暂凭杯酒长精神。

二十三年，如神仙历劫。几年后，裴度被罢官，刘禹锡以花甲之年外调任苏州刺史。直到开成元年(836)，才回京改任太子宾客，会昌元年(841)，加检校礼部尚书衔，故世称"刘宾客"或"刘尚书"。

在仕途的最后一道波折里，一路贬谪走遍天涯的刘禹锡，终于回到了十八岁那年毅然离开的江南。一生冷峻刚硬的他，为第二故乡嘉兴(当时的苏州辖区包括现在的大部分嘉兴)做了一件温暖的事：

据《新唐书·地理志》载：大和七年(833)，苏州刺史刘禹锡发动民工开掘汉塘。汉塘引天目苕溪水达平湖，既为沿河两岸带来农桑之利，也分数脉为华亭盐碱地的灌溉提供了水源。

相传，汉塘河畅通后的某日，刘禹锡来嘉兴巡视，正是在乘舟泛游汉塘(实在夔州)时写下了《竹枝词》："东边日出西边雨，道是无晴却有晴。"

这一生，他翻过崇山峻岭，穿过惊涛骇浪，所幸能在满头白发的时候，还能回到江南，小楫轻舟，浅斟低唱。

# 张先:亭前花月至今多

## 寻踪地:子城遗址公园

2021年刚刚落成的子城遗址公园,绿树掩映青砖,依稀有了当年嘉兴府的气象,只是登上城墙东望,已经找不到一座古亭的影子。

这是一座不该被遗忘的亭子,它曾经有个旖旎的名字——"花月亭"(后改名"来月亭")——出自宋词中最风流蕴藉的那一阕《天仙子》:

> 《水调》数声持酒听,午醉醒来愁未醒。送春春去几时回?临晚镜,伤流景,往事后期空记省。　　沙上并禽池上暝,云破月来花弄影。重重帘幕密遮灯,风不定,人初静,明日落红应满径。

词人张先(990—1078)来嘉兴当秀州通判是宋仁宗庆历元年(1041),这一年,他已经五十多岁——就在这之后不久,比他小一岁的晏殊官拜宰相,比他小八岁的宋祁当了龙图阁学士。才华不逊于他们的张先仕途多舛,到了这个年纪也没什么别的指望了。一个暮春的晚上,同事们在社交场上觥筹交错,张先中午喝了酒,醒来一个人留在空荡荡的府衙里,百无聊赖地漫步到府衙东侧亭子里,于是就有了这阕词。

张先绘《十咏图》(故宫博物院藏)

那是嘉兴子城最宁静的一个春夜。鸳鸯湖上的鸳鸯交颈而眠，江南佳丽地，州衙门的景观也不输给豪门园林，有花园有小径有一层层华丽的门帘帷幕。忽然清风徐来，薄纱一样的浮云散开，瞬间明亮起来的月光下，花枝摇曳，留下惊鸿一瞥的倩影。因为有了“破”和“弄”两个动作，春愁就像蝴蝶扇动了翅膀，整个世界都鲜活了起来。

一个人的落寞，惊艳了一千年。

张先后来活了八十九岁，是宋词名家中最长寿的。年龄有时候是才子的一种负担，但张先长长的一生，遇上了文人地位最高的北宋，即使仕途不得志，也拥有了千百代文人最艳羡的创作寿命。

张先的朋友圈里有比他小一岁的晏殊和比他小十七岁的欧阳修。宋人《道山清话》中说：“欧阳永叔雅敬重之，尝言与其同欢，酒酣，众客或歌或呼起舞，子野独退然其间，不动声气。当时皆称为长者。”这一段记载里，后来心事沉重的醉翁欧阳修或许还有点儿孟浪，而八十多岁还诗酒风流的张先倒是不失老成持重的长者之风。

到了七八十岁上，昔日酬唱的朋友都多已仙游，张先居然也能跟苏门学士这个北宋词人最大的朋友圈玩到一起去——他写出“云破月来花弄影”这句词的时候，苏轼才五岁。但这不妨碍苏轼一看就取笑他：“诗人老去莺莺在，公子归来燕燕忙。”

清代陈廷焯《白雨斋词话》说张先的词是“古今一大转移”，在他之前，是五代和宋初花间酬唱的小调，在他之后是柳永和苏轼，是秦观和周邦彦，甚至是辛弃疾和姜夔，在宋词的草创和盛世之间，张先的词有含蓄有激越，恰如其分的中庸之妙，千年之后依然让人怀念。

回到诞生在嘉兴的《天仙子》。诗词中，一代宗师和一流名家之间的区别，往往就在一句诗或者一个字上。

在“云破月来花弄影”之前，张先已经相当有名，但光芒总是在同时代的晏殊和柳永之后的，此句一出，就宛如武侠小说里神功大成，从此就成了开山立派的人物。

这句词的地位有多高？

宋人胡仔《渔隐丛话·前集》卷三十七“张子野”条载：

《古今诗话》云，有客谓子野曰：“人皆谓公‘张三中’，心中事、眼中泪、意中人也。”公曰：“何不目之为‘张三影’？”客不晓。公曰：“‘云破月来花弄影’‘娇柔懒起，帘压卷花影’‘柳径无人，堕飞絮无影’，此余平生所得意也。”

“影”字是张先的标签。用现在的话来说，湖州人张先非常擅长给自己打造一个大IP，树立品牌形象。别人赞他“心中事、眼中泪、意中人”概括精妙，但到底还是虚了点，“张三影”就牢牢地把得意之作印在了别人心里。

这种立人设的做法是很有效的。嘉祐年间，年近古稀的张先终于结束了四处漂泊当小官的生涯，进京任尚书都官郎中。当时宋祁是工部尚书，下了帖子请他过府一叙，开口就是“红杏枝头春意闹”尚书，有请“云破月来花弄影”郎中。

倘若当时要给张先立块纪念碑，想必他会高高兴兴地把“云破月来花弄影”用最大字号刻在正当中——到南宋时，花月亭中有小碑，刻有这阕《天仙子》，云“得句于此亭也”。

一个地方文化昌盛的标志，不是口号喊得多响，而是对点滴文化遗产和创新有多尊重和珍视。车水马龙的子城脚下，朝代兴亡更替了好几遍。一个砖木结构的小亭子，就因为七个字，安安稳稳地伫立了七百多年。

张先身后不久，做过秀州知州的沈括，写了《嘉禾百咏》的张尧同，甚至陆游都留下过关于张先、关于嘉兴的文字，提到了花月亭的故事。到了清朝的朱彝尊，《鸳鸯湖棹歌》的第八首云：

> 倅廨偏宜置酒过，亭前花月至今多。
> 不知三影吟成后，可载兜娘此地歌？

可惜这一座古亭，最终还是没能挺过近代的战火，在嘉兴全力打造江南水乡文化名城的今天，不知这一道风景，还有没有与我们重逢的机会？

毕竟一座城市，一段城墙，一座亭台，能有一句千古绝唱流传，何其有幸，何其荣耀！

# 沈珪:老墨尤能宝漆烟

## 寻踪地:瓶山公园

画眉墨是沈珪丸,水滴蟾蜍砚未干。
休恨图经山色少,与郎终日远峰看。

这是朱彝尊百首《鸳鸯湖棹歌》中的第三十五首。与同系列其他作品相比,这首诗中出现的嘉禾风物有点冷僻。进入硬笔字时代后,即使是嘉兴本地人,也很少知道沈珪这个名字。但是从北宋到晚清,“嘉禾沈珪”四个字就是最高端的文具品牌,但凡舞文弄墨者无不以藏有一枚沈珪墨为荣。

宋仁宗像(台北故宫博物院藏)

手制万千名墨的沈珪,史书却不曾为他多费笔墨。与绝大部分古代能工巧匠一样,沈珪生卒年不详。一般说他是五代时人,活了七十余岁,但北宋末年还有他活动的记录,且沈珪曾与南唐制墨名家张遇之孙张处厚共事,如此算下来,沈珪大约是宋仁宗年间(1022—1063)生人。

沈珪名字中的这个“珪”字,是墨工行当里沿袭下来的常用名,取自唐末到五代南唐徽墨工艺的代表人物李廷珪,就连儿子沈晏的名字,也袭用自李廷珪之子李承晏。不过与李氏和前文所述张氏不同,沈珪并非墨工世家出身,而是早年往来黄山贩缯。当时徽州制墨业发达,机缘巧合之下,这个浙江来的小贩学到了几手,于是改行回乡也干起了制墨这一行。

虽然是半路出家，但沈珪从制墨泰斗李廷珪那里传承的不止是一个名字。李廷珪与其弟李廷宽开创了“对胶法”制墨，这种手法光是材料就非同小可。据说制墨一笏，要用珍珠三两，玉屑一两，和以生漆，捣十万杵，制成的墨造型精美，“拈来轻、嗅来馨、磨来清”，据说能落水一个月而不化。从南唐到北宋，皇帝写诏书都指定用“廷珪墨”。到沈珪出生前后的庆历年间（1041—1048），对胶法已经失传，一枚廷珪墨能卖到一万钱。

沈珪年轻时，最拿手的工艺是以松煤杂脂漆滓烧烟，制成的墨精黑发光，称“漆烟”，虽与廷珪墨这样的传世名墨不能比，也在当时市面上颇有口碑。沈珪并不满足于此，时常对廷珪墨的失传引以为恨。一次，他与张处厚在苏州乡绅、枢密院编修居世英家制墨，因为操作失误，墨块断裂。因为是精心挑选过的好原料，不舍得浪费，沈珪便将碎墨重新蒸浸出旧胶，再冲入新胶，重制后的墨质地竟然坚实如玉，有了传世廷珪墨的几分神韵。在这次经历启发下，沈珪多次试验，成功地让李氏对胶法重现世间。对此，沈珪自己也颇为得意，自写墨铭：“沈珪对胶，十年如石，一点如漆。”

北宋文人大多爱好收藏文具古玩，如苏轼、黄庭坚等都藏有几百种名墨。当时的制墨行业不存在行业标准，一种技法、一名工匠要有地位，不仅要在同行中脱颖而出，还得经过这批文人玩家的认可。

沈珪声名鹊起，第一步是以专业素养战胜了同行。当时墨工张孜也很有名，有好事者认为其漆烟墨更胜一筹。于是沈珪选了自制的“中光减胶”工艺的墨丸与张孜作品放在一起，高下立分，沈珪墨远胜张孜墨。难能可贵的是，沈珪不满足于一时的输赢，还专门就此事对于制墨用胶的工艺做了理论总结，他认为，张孜墨急于出售，用胶不多，成色漂亮，但时间一长，胶力尽退，便像木炭一样索然无光泽。张孜墨只限于西北干燥地区使用，如在江南，一到梅雨季节就无法保存了。

沈珪比肩当世名家，可谓神乎其技。他曾受进士刘焘委托，仿制宋神宗时的制墨名家、秘阁校理苏澥的工艺，竟能复原其“断金碎玉”的风采，几乎真假难辨。

沈珪墨真正获得士大夫圈子的认可，还是靠与前人名作的对比。更著名的一个故事，发生在嘉兴瓶山畔。

北宋时嘉兴酿酒业发达，境内有大小十七个酒务。其中秀洲酒务办公地址就在现在的瓶山公园一带。大观年间的监造官名叫滕令嘏，是个爱好风雅的世家子弟,收藏了不少古墨。他曾重金聘请沈珪在酒务衙门造了一批墨,其中一丸在磨试时丢失。直到两年后,池塘疏浚,才在淤泥中挖了出来,墨丸依然光洁如新——此事与李廷珪墨的传说非常相似,但传说中不变质的廷珪墨也只是在水底泡了一个月而已。因此,滕令嘏对沈珪大加赞赏,甚至说“虽二李复生,亦不能远过也”。

既有过硬的实力,又有刘焘、滕令嘏等客户不遗余力地为之宣传,沈珪墨名声大振,从北宋晚期一直到晚清,一直备受士林推崇。如清人吴萃恩有诗咏沈珪墨云:

二李而还数秀州,乌金十笏豹囊收。
对胶莫道坚于石,容易磨人到白头。

然而笔墨写的文章能流传百世,一块坚硬的对胶墨能收藏千百年,制墨的手艺却只能靠手把手地传授维系,往往一代名匠“磨人到白头”的时候,手艺也就走到了尽头。当日李廷珪有多名子孙继承家业,而其身后百年,“廷珪墨”亦难免成为绝响;而沈珪仅有一子沈晏传承家业,沈晏早逝,未能尽其绝学,“沈珪墨”便也没有了后来。

关于沈珪生平,一本宋人笔记上记载了一段的趣事:当年他去江西庐山一带卖墨,曾遇到过一名会炼金术的高僧,亲眼见其将二钱琥珀色的秘药与一两水银混合,炼出了一两二钱黄金。但次日沈珪再去寻访,僧人、金子、秘药与房间里的陈设都踪影全无。

对于制墨者来说,“对胶法”大概就是那昙花一现的黄金,沈珪以其卓越才华从历史中找了回来,但这门绝学也只是靠他短暂地重现世间数十年,时候一到,便重新消失在了尘烟之中。

# 朱敦儒:不是凡人不是仙

## 寻踪地:西南湖放鹤洲

嘉兴人,谁不知道西南湖边的放鹤洲呢?

这可能是嘉兴使用时间最长的住宅区名字。三百五十年前朱彝尊的《鸳鸯湖棹歌》,开卷第一首就讲“侬家放鹤洲前水,夜半真如塔火明”。

这个地段早在一千二百多年前就已经出名,唐朝的两代宰相陆贽、裴休都曾在西南湖上的小岛闲居。但放鹤洲这个名字,实际用了还不到一千年。

命名者,是宋朝词人朱敦儒,字希真,号岩壑,河南洛阳人,祖籍扬州。

这或许是一个许多人都似乎听说过,却又不太熟悉的名字。看古人的一些文章,提到这个名字,总是来头很大的样子,但是后人盘点综述的时候,这个名字又仿佛一块乐高积木,虽然价值不菲,但也特别容易掉在夹缝里被遗忘。

两宋夹缝里的这位名士,出生于1081年,宋神宗元丰四年。这是属于王安石、司马光、苏轼、黄庭坚等人的年代,而到了朱敦儒在洛阳声名鹊起时,辽东、山东乃至于江东已经处处硝烟,不过中原依然是温柔富贵乡,有李师师,有花石纲,有瘦金体,也有青绿山水。宋徽宗手里的汴京,依然令人目眩神迷如七宝楼台。

盛世走到了悬崖上,而才子依然在空中楼阁里。青年时代,朱敦儒最著名的是一阕《鹧鸪天》:

> 我是清都山水郎。天教分付与疏狂。曾批给雨支风券,累上留云借月章。　诗万首,酒千觞。几曾着眼看侯王。玉楼金阙慵归去,且插梅花醉洛阳。

浮金都市里的五陵年少总是成群结队的。洛阳的牡丹一定要评出个姚黄魏紫,当时的文人中间,也有“洛中八俊”的响亮旗号。清代康乾时期被提名为扬州八怪的有十六个人,而洛中八俊能确认的却只有三位,“文俊”是著名官三代——

北宋名相富弼的孙子、传世诗文不过数百字的富直柔;“诗俊”是江西诗派三大宗师之一的陈与义;被称为“词俊”的朱敦儒,也并不是个敦厚儒生。他虽然是平民之身,可是在读书人中,名望却是很高,朝廷多次征召他,他也以“麋鹿之性,自乐闲旷,爵禄非所愿也”决意推辞。当时他的代表作还有一阕《如梦令》:

盏底一盘金凤。满泛酒光浮动。引我上烟霞,智力一时无用。无用。无用。踢破十洲三洞。

然而再漫长的青春期也是会结束的。靖康二年(1127),王朝倾颓,衣冠南渡。这一年,朱敦儒四十七岁,陈与义三十八岁。

南渡之后,绍兴初年,皇室宗族赵子昼知秀州,这赵子昼据说是朱敦儒的姻亲,朱敦儒就跟着他来到了嘉兴。经过了亡国之痛,朱敦儒和大部分南渡文人一样,狂傲之气折损了大半,但原本可以在这座宁静的江南小城平平安安地当大文豪,写点黍离之悲。毕竟一个文人参加“新亭对泣”,也并不丢人。

但前半生浪荡天涯的浪子隐士,粪土当年万户侯的人,到了中年,却变成了一个主战的猛士。

在朋友的劝说下,年近五十的朱敦儒终于决定出山做官。殿对时,宋高宗认为朱敦儒“议论明畅”,十分赞赏,赐进士出身,为秘书省正字。不久,兼兵部郎中官,又迁两浙东路提点刑狱。做了几年后,因为“专立异论”,就是经常发表不同政见,被人弹劾,接着就退休了。

这一次退休的朱敦儒第二次来到嘉兴,重新过起了隐居生活,经过了短暂仕途的镀金,仿佛离世无争的大文豪之路更近了一步。

这原本可以只是一段小插曲。可是一旦生出了入世之心,一旦被看出了惊世之才,那就是匹夫无罪而怀璧其罪。少年时不把朝廷乃至于皇帝放在眼里的人,中年以后也不能免俗地要为子女作稻粱谋。

看中朱敦儒的是秦桧。拉拢名士背书是权臣的惯用手段,秦桧把朱敦儒的儿子任命为一个小官,恩威并用,胁迫朱敦儒出山。朱敦儒“老爱其子,又畏避窜逐,不敢不起”,出任了鸿胪寺少卿。

这个官是虚职,但一代文豪的名声可是实实在在绑在了这上面。秦桧一死,朱敦儒就背上了一身骂名。一个清高的文人依附权贵,结果权贵一死便被罢免,着实可笑。东方的谪仙,西方的折翼天使,原本再清高再美好,一旦下凡而且居然脸先着地了，那也就不值钱了。

罢官之后，朱敦儒回到嘉兴放鹤洲隐居，把自己的词集命名为《太平樵唱》，写了些“摇首出红尘，醒醉更无时节”“称心如意，剩活人间几岁”之类的诗词。南宋周密《澄怀录》中记载了陆游放鹤洲上拜访朱敦儒的一段见闻：

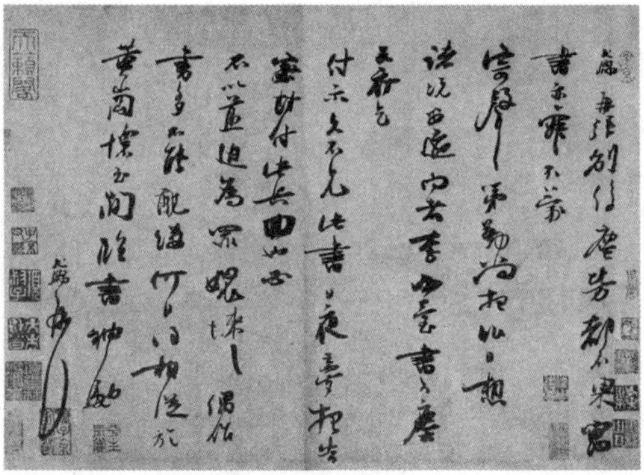
朱敦儒《尘劳帖》

> 朱希真居嘉禾，吾尝与朋侪诣之。闻笛声自烟波间起，问行者，曰：‘此先生吹笛声也。’顷之，棹小舟而至，则与俱归。其家所谓落济川者，室中壁间悬琴、筑、阮咸之类，皆希真平日所留意者。檐间有育珍禽，皆目所未睹。室内篮缶置果实脯醢，客至，挑取以奉客。

朱敦儒有一首诗云：“青罗包髻白行缠，不是凡人不是仙。家在洛阳城里住，卧吹铜笛过伊川。”然而无论再怎么把文字和庭院打扮得仙气飘飘，他年少时“且插梅花醉洛阳”的底气早就不在了，这时候看破红尘，说到底不过是一种逃避。支撑着当年意气的天真倒塌了，碎砖破瓦再收拾起来重建，总归不是那个味道。

关于朱敦儒，倒是宋高宗说了句大实话，说当年我要他做官，此人却一心想着隐逸，哪有年轻时想隐居，年纪大了却热衷名利的道理？

鄙视也罢，理解也罢。朱敦儒人生最后的日子，是在放鹤洲走完的。

宋赵与旹《宾退录》卷六引用了朱敦儒《梦记》中的一段记载，说朱敦儒“绍兴戊寅(1158)除夜，体中不佳，三更方得睡”，做了一梦，与一客同游，“所游甚乐”。后八日三更，“端坐启手足，神色不乱，寂然而逝”。

浮沉一世，最后唯有这片温柔的土地，容得下他以一个隐士的姿态安详离开。

# 徐再思:甘饴良好咂甜时

## 寻踪地:春波门

新学期上来,小学生背诗歌,总少不了这么一首:

一去二三里,烟村四五家。儿童六七个,八九十枝花。

一首五绝人人会背,这首诗的作者有一个说法是徐再思,知道的人就不多了。

徐再思来自嘉兴,生平事迹史书上也着墨不多,我们只知道他大约生于1280年,可能在嘉兴当过小官,也去元朝的首都大都做过一段时间北漂。除了擅长写散曲小令,“有乐府行于世”之外,关于徐再思这个人,几乎只有一件事情确凿无疑的:他“喜食甘饴”,甚至为此自己取了个号叫“甜斋”。后世贾仲明撰《录鬼簿续编》,一口气写了82位散曲作家,写徐再思的一段,除了常规的赞扬之外,最有个性的就是“甘饴良好咂甜时,自号甜斋名再思”。

徐再思像

徐再思在嘉兴的生平轨迹早就无法考证,但元朝时嘉兴文人画师人多住在春波门一带商业区,而至今春波门附近市场还能买到不少老式甜点,大概还能寻觅几分“甜斋”当年钟爱的味道。

元曲都有明白晓畅的特点,徐再思善于学习俗谣俚曲,擅长白描手法,抒情深细,对仗工整,风格清新秀丽,比如一曲《清江引》:

相思有如少债的,每日相催逼。常挑着一担愁,准不了三分利。这本钱见他时才算得。

这39个字里，对爱情的思考清爽明快地像是从池塘里挖上来的莲藕，切片嚼嚼就是满口新鲜的甜味。

在诗词歌赋中，甜味古已有之，但也从来不是一个主流的味道。

主流的味道，要么是浓烈的酒味，《诗经》里就说“君子有酒，酌言尝之”；陶渊明一写《饮酒》就刹不住车写了20首；到了唐朝，诗人的才华都是以酒量为单位计算的。要么就是清苦的茶味。《离骚》里有“朝饮木兰之坠露兮，夕餐秋菊之落英”；魏晋以后，南朝流行的是玄言诗；而宋朝人写诗也是一股山泉水泡明前茶的高格调作派，喜欢讲些“问渠哪得清如许，为有源头活水来”之类的大道理。

在酒的气象万千和茶的玄妙高远面前，小甜饼最多算是个配菜，就仿佛交响音乐会上大部头的严肃作品中间，有时会插上一段民间小曲。而跟在光芒万丈的唐诗宋词后面，元曲本身就是一个被人忽视的配角。

所以，嘉兴人徐再思擅长写甜甜的元曲，那就是一个标准的非主流。但是在整个元朝，文学这件事，本来就是非主流。在那个文坛荒芜的朝代，诗词万马齐喑，唯有江南唱出来的曲子依然五味齐全，百花齐放。

甜斋徐再思有个更加著名的搭档贯云石，自号“酸斋”，原名小云石海牙，老家在西域北庭（今新疆吉木萨尔），是个畏兀儿（今维吾尔族）人。与做着小官长袖善舞、安安分分过小日子的中产阶级徐再思相反，贯云石祖父阿里海牙是元朝开国大将，家里有世袭的爵位，自己也当过翰林侍读学士。但是贯云石当官不久就把爵位让给弟弟，改名易服，在钱塘卖药为生，自号“芦花道人”。

徐再思应该是比贯云石大几岁，但又有说法是他的辈分更晚些，所以“甜斋”和“酸斋”两个名号，也不知是谁影响了谁。但有证据表明，当时他们似乎是有野心组个类似多味花生之类的组合出道的。根据邓子晋在《太平乐府》序里记载，杨朝英文风以豪放著称，贯云石和杨朝英同游，贯云石说：“我酸，则子当澹。”从那以后，杨朝英果然自号“澹斋”了。

杨朝英后来留下的作品不多，世人在当时就把贯云石和徐再思“酸甜”并称。到了民国时候，著名的散曲研究学者、扬州人任讷（任二北）又将二人散曲合为一编，世称《酸甜乐府》。

《酸甜乐府》里收有徐再思的小令103首。这一百来首散曲，以悠闲生活与闺情春思为基调，写江南自然景物、归隐等题材为主，也有一些以赠答、咏物为题，风格清丽，《太和正音谱》评他的作品如“桂林秋月”。写恋情，被认为是“镂心刻骨之作，直开玉茗、粲花一派”。

“甜斋”之甜绝不仅仅在唱小情歌上，这种隽永的甜味，贯穿在他思考人生的每一个方面，别人的天涯羁旅是心酸的，他就能用如山泉水的清甜发现风景：“里湖，外湖，无处是无春处。真山真水真画图，一片玲珑玉……”（《朝天子》）；别人思乡是苦的，他那些饱含乡愁的作品，味道也像是上好的绿茶，清爽微苦里带一点节奏明快的甜味，比如《天仙子》里的“一声梧叶一声秋，一点芭蕉一点愁，三更归梦三更后”。

梧桐树，芭蕉雨。那一点愁的韵味，就很像是徐志摩写《沙扬娜拉》“那一声珍重里有蜜甜的忧愁”。徐再思爱写相思，思的是爱人也好，是故乡也好，相思入骨都不见苦涩。而美人与山水能被他思念，似乎也算是一种小小的幸福。

前些年，米兰·昆德拉很红，许多人都会背诵那句：“如果永劫回归是最沉重的负担，那么我们的生活就能以其全部辉煌的轻松来与之抗衡。”在元朝那个铅灰色的背景下，一个江南知识分子愿意用轻快的甜来回应时代的苦，那也是一种举重若轻的抗衡了。

# 项元汴:阁收遗迹欲充楹

## 寻踪地:中山路瓶山公园西侧至汤家弄东

民国年间,陈寅恪的弟子、著名历史学家翁同文在故宫库房里清点书画,惊讶地发现,4600余幅书画中,2190余幅上,都有“项子京珍藏”“项元汴印”“天籁阁墨林”或“天籁阁”钤印,证明它们都来自同一个地方——明代嘉兴收藏家项元汴的天籁阁。

这座在收藏史上光耀日月的小楼,如今早已无处寻觅。其旧址大约在今天中山路瓶山公园西侧至汤家弄东一带,早先这里还有“天籁里”的地名。这里几乎是当年嘉兴府城的几何中心,居住于此的项家也是豪富之家,既累世簪缨,又有良田千顷。

项元汴像(明·马图绘,上海博物馆藏)

项元汴出生于明嘉靖四年(1525),其父项诠曾官至南京吏部郎中。当时严嵩之子严世蕃曾私下列了个富人榜,嘉兴项氏位列全天下首等十七家之中,据估算,家财当有近百万两白银之数。项诠去世时,长子元淇在外为官,次子笃寿考中进士,家产大部分都给了幼子项元汴。

十六岁就成了全国排得上号的富豪,项元汴毫不犹豫地就选择了文人常见爱好中最烧钱的一种——字画收藏。

读书人搞收藏,大多是有着浓厚的理想主义色彩,比如平湖人赵孟坚以“性命可轻,至宝是保”著称,翻船第一件事就是下水抢救《兰亭帖》;又比如几乎与项元汴同龄的“后七子”领袖王世贞(1526—1590),为一部宋版书就慷慨以一座庄园为交换。在前辈大家面前，项元汴的表现多少有点跌份，他更像是一个玩票的富二代，眼光一般且斤斤计较。据说他年轻时很有些小心眼，买了古籍书画后，总要四处打听，一旦发现买贵了买亏了就懊恼不已，甚至寝食难安。二哥项笃寿听说后，往往会特地对所购字画大加恭维，并掏钱高价买走，不让弟弟吃一文钱的亏。

这样的兄友弟恭看似溺爱，但因为背后有项家雄厚的资产支撑，反倒使得项元汴有了信心与动力快速成长。到了二十余岁，他就已经不再是撒娇要哄的无知阔少了，而是在收藏界有了自己的地位，三十岁出头时，元朝的书画佳作，已经大半在他手中。

项元汴的藏宝楼以所收藏的爱物晋代古琴"天籁"命名，嘉靖朝时，这里几乎是天下古籍书画爱好者的圣殿。松江诗人何良俊有幸造访天籁阁，所见青铜鼎、汉白玉、晋唐巨迹、宋元名画不计其数。他也是成名已久的文士，见过不少好东西，但在阁中停留一日，从怀素《自叙帖》卷、李白《上阳台帖》、顾恺之《女史箴图卷》、韩幹《牧马图》到赵孟頫的《老子道德经卷》、米芾的"米南宫三帖"，处处皆是令人"弹眼落睛"的宝物，更不用说项元汴还有秘不示人的苏轼、宋徽宗、米芾等人的画作。

关于项元汴的收藏，有个很著名的评价是"半部中国美术史"，并不夸张。而他的收藏方式也非常特别。

首先是盖章题跋多。提到这一点，人们往往会想到乾隆，但实际上，故宫字画半数出自天籁阁，乾隆曾多次赞颂项氏收藏，这个爱好说起来，根子还在项元汴这里。仅一张《司马光独乐园图》上，项元汴就盖章一百六十多方；褚遂良版本《兰亭序》上，项元汴也有近一百方——后来此作到了乾隆手里，酷爱盖章如此君，也不过多加了十几方。项元汴本人工于书画，兴起时，便在名作上题跋，而且是呼朋唤友地题跋，如文徵明的儿子文彭、文嘉兄弟就在许多项氏藏品上留下诗文书法。

一般来说，题跋是件风雅的事，但项元汴的题跋，除了有些"人事快事，其乐何如"之类普通的观后感文字外，最多的就是记账。比如王羲之的《平安》《何如》《奉橘》三帖，后面的题跋就是"明檇李墨林山人项元汴鉴赏，其值二百金"；《瞻近帖》《石渠宝笈续编》则是"其值二千金"；怀素的《自叙帖》项元汴以六百金购入该卷，而项墨林注其值千金。越到后来，项元汴的藏品价值高于买入价的越多，大概是数十年收藏经验锤炼了其眼力。在传世珍品上处处标注价格，一方面多少有点“牛嚼牡丹”的煞风景感，另一方面却也因此留下了宝贵的资料，从一串串价目中，人们至今可以约略窥见晚明文化圈的审美口味。

项元汴一辈子没有改掉这种古董商人的习气，但也正因为如此，他才不会如赵孟坚或者王世贞一样为一件藏品痴狂，而是有足够的理性去收藏半部中国美术史。天籁阁中珍藏一一盘点完要两个多月，怎么做库房管理？项元汴的办法非常实用。中国古代最长的不重复字眼的文本是千字文，他就以千字文，加上其他文字和数字为据编号。按“天地玄黄，宇宙洪荒……”的顺序排列，如苏轼《致梦得秘校尺牍》右下角有千字文第 801 字“具”字编号。截至目前发现，其存世藏品中编号最末的是第 975 字“廊”字号。

项元汴之前的中国美术史，半数来了天籁阁，而项元汴之后的中国美术史，半数出自天籁阁。项元汴临终将满楼珍藏分给六个儿子，天籁阁中书画藏品自此开始星散，不过项家既豪富，又以书香传家，大部分天籁阁藏尚保存完好。直到半个世纪后，朝代更迭的战火烧到嘉兴。据清人姜绍书《韵石斋笔谈》记载：“乙酉岁(1645)，大兵至嘉禾，项氏累世之藏，尽为千夫长汪六水所掠，荡然无遗。讵非枉作千年计乎？物之尤者，应如烟云过眼观可也。”

即使是过眼烟云，天籁依然在后世不断激发回响。项元汴身后二百余年，中国收藏史上又一个里程碑式的人物成为了项元汴的追随者。乾隆皇帝，中国封建王朝的最后一个盛世君主，有足够的能力在皇宫中重现天籁阁的神话。乾隆最后一次南巡至嘉兴时，天籁阁与所藏早已无存，感到深深的惋惜，遂作《天籁阁》诗一首：

檇李文人数子京，阁收遗迹欲充楹。
云烟散似飘天籁，明史怜他独挂名。

# 项圣谟:风号大树中天立

## 寻踪地:中山路瓶山公园西侧至汤家弄东

一座天籁阁,半部美术史,从这里走出来的人,自然不是简单的富贵而已。项元汴子孙中,工诗善画者不胜枚举,而其中最为人称许者,当是“天籁阁中文孙”项圣谟。

项圣谟像

项圣谟出生于万历二十五年(1597),此时,上距祖父项元汴去世已经八年,如吏部给事中戴士衡所说,大明王朝已走到了“纪纲废弛,戎狄侵陵,根本动摇,武备不修,府库殚竭”的关头。不过,纵使门外已经山雨欲来,天籁阁中自有洞天。项圣谟自小观摩天籁阁名画,家族中又多擅长丹青的长辈,青年时已经崭露头角,二十多岁创作的《松斋读易图轴》和《山水兰竹册》名噪一时。

从先祖项忠起,项家子弟多从科举出身,项圣谟与祖父项元汴一样,入国子监为太学生。当时已经是天启年间,魏忠贤当政,项家出身江南,受东林党影响不少,项圣谟嫌恶官场黑暗,并没有谋求进身之阶的企图。不到三十岁时,项圣谟便手绘山水长卷《招隐图》,并题“招隐诗”二十首,颇有山水田园之趣。

但是在17世纪中叶的中国,谁能真正做富贵闲人呢?虽然看似过着道家无能者无所求的逍遥日子,招隐图上一句“一日心不死,谁甘着钓蓑”,还是泄露了“位卑未敢忘忧国”的儒家心胸。令人意外的是,年轻时几乎从未经受大风浪的项圣谟,几乎是生来就有心怀苍生之志。当时有“项松之名满东南”之说,就是因为项圣谟尤喜画高大嶙峋的松树,画风浓烈有悲愤之气,与一众标榜清淡高雅的文人画不可同日而语。更为人称道的是崇祯五年(1632),江浙旱灾,项圣谟以《六月鸣风竹图》描绘灾民之苦,立意为当时罕见。

有天籁阁这样的胜境淬炼技巧,漫漫红尘磨砺胸怀,这样的作品,没有理由不受到有识之士青眼看待。董其昌看了项圣谟不满三十岁时创作的《画圣册》,评价其为:“士气作家俱备。”这位一生唯恐沾了“俗”字的大师,并不避讳项圣谟与典型文人画的高蹈风格相悖的事实,慧眼赞赏其既有文人气质“绝去甜俗蹊径”,又有扎实深厚的功力。嘉兴人李日华与项圣谟的叔伯往来密切,其子后来又与项圣谟结为儿女亲家。李日华对这位姻亲后辈不吝赞美,评价其画风“英思神悟,超然独得”,是“崛起之豪”。

从少年到中年,项圣谟在平静而富庶的江南小城里大隐隐于市,过着让世人艳羡的生活。然而快到知天命之年,他的世界瞬间崩塌。1644 年,明亡;1645 年,清军占领嘉兴,一座天籁阁碎拆下来,不成片段,其中瑰宝“半为灰烬,半为践踏”。项圣谟的堂兄弟、蓟辽守备项嘉谟带着家眷跳湖殉国,其他许多项氏子弟被杀被俘。百年豪富、枝繁叶茂的大家族顷刻间家破人亡,项圣谟扶老携幼仓皇到嘉善乡下避难,人生最后的十多年,他大多数时候住在现在的嘉善枫泾一带。

就是在惶惶不可终日的逃难生涯里,项圣谟遇到了一棵老树。

许多艺术家风格的成型与变迁,都经历过某个恍然大悟的瞬间。那棵老树之于项圣谟,犹如菩提之于佛陀。那一刻,他不甘于死去的心,突然就明白了“孤舟蓑笠翁,独钓寒江雪”的姿态,突然就读懂了什么是“念天地之悠悠,独怆然而涕下”。

董其昌与李日华都在明亡之前去世,他们无缘得见这位江南画坛“崛起之豪”蜕变重生的耀眼光华。在国破家亡之后,顿悟的项圣谟把自己活成了一株参天老树。

这株老树,来自他的传世名作《大树风号图》:画面正中的大树,枝条繁茂丛生,虬曲多姿,而树叶早已落光。树下有红袍老者策杖远眺,远景是青山夕照,一派萧瑟。画上有题诗:

风号大树中天立,日薄西山四海孤。
短策且随时旦莫,不堪回首望菰蒲。

从青年时笔触饱满的松树到此刻筋骨毕现的老树，即使晚年家财与收藏损失殆尽，只能依靠卖画度日，项圣谟始终不改的，就是“风号大树中天立”的姿态。明亡之后，项圣谟活了十四年，这十四年的画作上再也没有出现过朝代年号，只以甲子纪年。

顺治八年（1651），项圣谟在《天寒有鹤守梅花园卷》上盖了三方闲章：“大宋南渡以来辽西郡人”“皇明世胄之中嘉禾处士”和“天籁阁中文孙”。第一方纪念的是根脉，第二方怀念的是王朝，第三方心心念念的，是一去不复返的家族荣光。其中前两方印章，都只出现了这一次。

在晚年的画作上，项圣谟题诗道：“自写隐居心，如梦到如今”。从明朝到清朝，从天籁阁到枫泾乡间，项圣谟已经走过了许多路，见过了许多盛衰兴亡，失去了财富、前程与家族的庇佑，其心境之萧瑟，当有如“千山鸟飞绝，万径人踪灭”，但是，心仍未死，他去世时，友人凭吊有“风前无复闻长啸”的感慨，可以想见晚年依然风骨嶙峋，有如大树迎风挺立。

项元汴始建天籁阁，至今已四百余年，项圣谟谢世至今也已近三百年。项元汴的珍藏与项圣谟的书画一次又一次如云烟在历史长河中飘过。而最近，云烟终于有望重聚，项氏的故乡传来了新的消息，2022 年 1 月，嘉兴城市建设投资有限公司申请天籁阁复建工程建设项目进入规划选址用地及工程批前公示阶段。瓶山旁的千古名楼，或许将迎来重现人间的机会。

# 李日华：且读闲书纵酒杯

## 寻踪地：解放路秀水人家

嘉兴春波门外的解放路和青龙街之间的街区，如今叫秀水人家小区，而再往前几百年，这个地块都叫螺蛳浜。“螺蛳浜”里曾做出过大道场，四百年前这里有座恬致堂，曾是晚明江南文人的一个活动中心。

恬致堂主人名叫李日华，这个名字，接触过一点中国古代美术史与文学史的人都很眼熟，宋元以来叫得上名字的文人画家，几乎每个人的简介里都会有几句李日华的评语。拿现在的话来说，李日华就是个文艺批评家，还是特别爱说且能说的那一种。

李日华像（明人绘，南京博物院藏）

不过，与批评家给人的刻板印象不同，李日华为人可以称作恬淡稳重。他出生于嘉靖四十四年（1565）三月十三日，相传是个怀胎只有七月的早产儿，生下来便一声不吭，直到办满月酒时水滴到脸上，他才发出第一声啼哭，满堂亲友这才放下心来。

虽然在襁褓中要证明自己不痴不哑很是费劲，但是开蒙之后，李日华的聪慧很快显露出来，他的批评天赋也同样早早崭露头角。十岁那年，李日华就撰十条疏议批评当时宰相张居正，文章和观点自然是不成熟的，初生牛犊的勇气却足够令人瞩目。他先是在杭州求学于嘉兴同乡、快雪堂主冯梦祯门下，后来又到浙南随京山先生郝敬求学。二十八岁时，李日华继两位师长之后金榜题名，作为三甲进士，旋即外放江西任九江推官。

在九江五年，李日华干了一些实事，官声不错，有文献证明，他在江西期间，甚至与利玛窦还有所交往。不久后，他在官场倾轧中摔了个不大不小的跟头，被贬去河南，先是任汝州佐贰副官，四年后升任西华知县。西华县历史上是黄泛区的中心，李日华在此大兴水利、设仓囤粮，他还以断案公正闻名，各乡积压的诉讼案件多由他解决。因为政绩斐然，几年后便调回江南，升任南京礼部主事。直到万历三十二年(1604)，李日华因母亲去世，按制回乡守丧，并因要终养老父，上疏乞请归田。

从二十八岁到四十岁，李日华出仕 12 年。当官的时候，就勤勤恳恳当个好官；而一朝还乡，他便放下名利，头也不回。

他的父亲算得上福寿双全，在儿子回来后又健康活了二十多年，这期间李日华一直在家曲尽孝道。李家在嘉兴颇有根基，与同城的项元汴家族等士绅名流往来密切，在螺蛳浜、城东角里街、城南白苎村都有房产。清人吴敬梓的《儒林外史》中，主要的故事就发生在万历年间，其中记录江南名士们的各种交游聚会，几乎正是李日华那二十多年还乡生活的写照。他既有钱财声望，又有才有闲，便时常聚集岳元声、岳和声兄弟、项鼎铉、项于蕃、徐必达、陈继儒、汪砢玉等一群名士烹茶煮酒吟风弄月。他们凑钱雇人从无锡惠山每月运送一次“天下第二泉”的泉水烹茶，为此李日华专门将角里街住所命名为“味水轩”；数数手头收藏的砚台，欣然命名书房为“六研斋”；而为了一丛自天台山移植来的紫叶碧桃，又改一处居所名为“紫桃轩”。

后来很多人都羡慕李日华，称他是晚明江南文人中最有福之人，比如艺术史家李铸晋就认为，李日华的闲居生活最能代表“完美的文人生活”。与《儒林外传》里“名士”们不学无术、沽名钓誉不同，李日华和他的朋友圈都是真正在文化史上留下了姓名的人物。闲居江南的神仙日子里，他以各处别院为名，撰写了三部传世之作《味水轩日记》《六研斋笔记》和《紫桃轩杂缀》，其中笔记小品内容涉及读书、作画、鉴藏、交游、民俗、养生、医术等，笔调清隽，简洁明丽。比如其品鉴《题沈翠水画》诗云：

醉翁酣墨如酣酒，白云乱负青山走。
临泉气岸倾王侯，子久胸襟叔明手。

一个“走”字，尽显笔墨动态。寥寥二十八字，未见原画者也足以想见此图风采，末句拉出元四大家中的黄公望（字子久）与王蒙（字叔明）相比较，虽有溢美之意，但由上文精准灵动的描述为铺垫，这个对比只见底蕴而并不显得突兀。

李日华既以书画鉴赏闻名，又是当时第一流的画家，其画风散淡，所绘山水墨竹自成一家。后世鉴赏家周亮工非常推崇李日华，称其为“以意少变北苑，而其源则实出巨然僧、梅道人，苍郁秀润，并极出蓝之妙”。

李日华有《题画长卷》诗云“休将物色撩诗句，且读闲书纵酒杯”。然而再长的画卷，也终要画完，再深的酒杯，也终须放下。天启四年（1624），朝廷终于想起了这个请假已经廿年的富贵闲人，授李日华北膳司主事，十二月又升为尚宝司丞。当时朝中魏忠贤当道，李日华耻于与之为伍，磨磨蹭蹭到次年二月才进京上任，干了五个月，云南黔国公沐昌祚丧礼要在南京举办。李日华赶紧要了这个差事回南方，继续过诗酒风流的小日子。

这一次进京不到半年，李日华倒也不是没有收获，他在北京遇见了钱谦益。钱后来为李日华《恬致堂集》作序时写道：“君实（李日华字）工书善画似玄宰（董其昌字），博极群书似损仲（王惟俭字），后有惇史叙述本朝风流儒雅之士，附汧公辈之清尘者，三君子之中，又当以君实为眉目。”这三位，就是晚明士大夫中金石书画成就最高者，在钱谦益看来，李日华犹在另二人之上。

李日华南下办沐府丧事，拖拖拉拉又办了近三年。三年后，崇祯即位，剪除阉党，令江南士大夫精神为之一振。李日华已六十四岁，多年闲居而意气尚未消磨，曰“时清目明，可出矣”立即办妥差事回京复命，旋被任命为南京太仆寺少卿。不过这一次踌躇满志的复出，还是败给了年岁。李日华上任不久便患病，只得告老还乡。

官场最黑暗的时候，李日华回乡独善其身，还可以有几分自诩清高的得意，可以品味闲居之趣；而眼看时局有了转机，却囿于老迈而壮志难酬，此时虽然依旧是闲居在家，其晚年的心境却不复中年时的平静。崇祯八年（1635），李日华得知明军在大同阻挡住了南下入侵的后金军队，大喜过望赋诗庆祝，两天后，七十一岁的李日华在山河平定、政通人和的幻想中安详离世。

李日华不知道的是，就不久之后，中原是李自成、张献忠等十三家农民起义军合兵，关外是皇太极登基、满洲一统，而他依恋了一辈子的那个富庶风雅的晚明江南，也将成为绝响。

# 张涟:一勺山水筑名园

## 寻踪地:南湖勺园

文学史上最著名的园林,肯定是《红楼梦》里的大观园。

大观园是怎么造起来的?第十六回说:“贾赦住的乃是荣府旧园,其中竹树山石以及亭榭栏杆等物,皆可挪就前来。如此两处又甚近,凑来一处,省得许多财力,纵亦不敷,所添亦有限。全亏一个老明公号山子野者,一一筹画起造。”

“山子”是对园林设计师的一般称呼,“山子野”是随事生名,大家看书多半也就略过。但若是两百多年前曹雪芹那个时代,文人士大夫看到这个造园风格和这个名字,多半要会心一笑。

——这写的不就是嘉兴“山子张”吗?

严格地说,“山子张”不是一个人,而是一个家族的名号。古代的园林建筑行当往往是家族世袭,造房子的望族是“样式雷”,烧瓦的魁首是“琉璃赵”,“山子张”就是设计园林堆叠假山的状元——倘若这些手艺人要排出《盗墓笔记》里那样的“老九门”,“山子张”家族的缔造者,明末清初园林名家张南垣,也当得起一声“张大佛爷”。

南垣是张涟的字,严格来说,他本是华亭人,后来迁居嘉兴城内。他出生于被黄仁宇称作“明朝转折点”的万历十五年(1587)。那是历史书上被称为“中国资本主义萌芽”的时代,运河水道里时时有商船来往,青石板路上处处是织机咿呀。士绅和商人手里有了钱就爱造别墅,江南的古典园林大半就出自这个时期。

张涟大约是在弱冠之年入行,16世纪初的江南园林设计已进入了成熟期,扬州人计成在写中国第一本园林艺术理论专著《园冶》,苏州四大园林全部造完了,江南一年同时兴建的大小园林还有上百个,“山子”这个行当,竞争已经非常激烈。

能在红海中杀出一条血路,张涟的核心竞争力,来自一位知名度更高的华亭籍大师——明末书画家董其昌。董其昌是“文人画”理论的首倡者，作画要写意，讲的是神韵和骨力，张涟虽然称不上文人，但他少年时曾经跟董其昌学画，据说颇有点“元四家”中黄公望、吴镇的笔意，在“华亭派”的画家中也有不低的辈分。

如果留在画坛，张涟可能终其一生就是个二流画家。但他一转行，笔下的山水变成了园中的风景，在众多没读过书的同行中，几乎就是降维打击。很快就声名鹊起，士大夫都知道他是建筑师里面最懂绘画的，画家里面最懂建筑的。

在明朝最后的三四十年，张涟行走在歌舞升平的江南，给那些后来在乱世中留下姓名的文士名臣营建了一处处安乐窝：松江李逢申的横云山庄，太仓王时敏乐郊园、吴伟业的梅村，常熟钱谦益的拂水山庄，吴县席本桢的东园，嘉定赵洪范的南园，金坛虞大复的豫园。

这其中，嘉兴人最熟悉的，就是张涟为权臣吴昌时所营建的竹亭湖墅，或者，我们知道的都是它的另一个名字——勺园。

崇祯初年，吴昌时弄权富贵一时，不免要威风八面地回到家乡求田问舍。这个选在南湖西北边的园子既要住得舒服，又要能满足呼朋引伴、附庸风雅的需要。在甲方的雄厚财力支持下，张涟设计的勺园成了一件难得的珍品——亭台玲珑、临水而筑，借得一大半湖光灵秀，无愧于江南私家园林代表作的名声。

南湖勺园

小小一个园子，窥见的是整个南湖风光。这座勺园，就是张涟美学理念创新的一个样本。

在他之前，造园林的匠人们比的是堆砌的手艺，大家都比谁叠得高耸，造型奇特。但对于胸中有一整套华亭画派理论张涟来说，这样矫揉造作的狭窄布局着实不能忍。他自己叠假山，就不主张那种缩小比例、丧失了真实的尺度感，而主张堆叠出一些山林小景，“平冈小阪”“陵阜破陀”，好像把真山大壑的一个山脚角落，截取到园中，气象浑然天成。

这显然是一种更加富有高级感的手法，用的就是画家的眼光。据说张南垣造园从没有图纸，却是成竹在胸。有时他顾自与客人在堂上谈笑风生，一会儿把工匠叫过来说，“某树下某石可置某处”，虽遥控指挥，却总是恰到好处，“结构天然，奇正罔不入妙”。

胸中有大丘壑者，从事的专业领域不同也不会构成交流的阻碍。虽然是个布衣，也不擅长诗文，但当时吴伟业、钱谦益、王时敏等名士都竞相跟张南垣结交。甚至吴伟业还应他之请，为他作了一篇名文《张南垣传》，由于此文作于张南垣生前，也成为有关张南垣最为权威可靠的传记。

这批人，个个都是明清之际的精英，而他们诗酒风流的小日子并没有持续很久。很快就到了1644年、“国破家亡”之时，当那些舞文弄墨的朋友深陷黍离之悲，还在为大义名节争论不休的时候，张涟很快就在新朝代找到了自己的定位。在任何时候，工匠诚实地用手艺换碗饭吃，都是光明正大、毋庸苛责的。

张涟长寿，活了快九十岁，园林设计生涯也正好均分成了明清两个部分。晚明时，他在江南，修建的是文人名臣的私家园林；到了清朝，他带着儿孙把舞台搬到了北京，修的是达官贵人甚至皇家的宫苑。

在北京，他最负盛名的是为大学士冯溥修的万柳堂，堂前筑了一座土山，山下开了个水池，土石相间，土中戴石的手法说来朴素，但“穿霞小径”“十丈朱栏”“崖悬木抄”“松倚云根”……一道道风景突破了园子围墙的限制，令人仿佛置身名山之中，意境无穷。

康熙初年，张涟、张然父子入京供奉内廷修造园林，先后参与和主持修建了南海瀛台、玉泉山静明园和畅春园等皇家苑囿。在修建畅春园时，张涟已经年近米寿，长子张然也快到了古稀之年，康熙特许父子俩乘车坐轿到工地指导，被视为园林界的无上荣耀。

翻遍二十四史，能以造园叠山的艺术在正史中列有专传的，只有张涟一人而已。“山子张”后来又传了许多代，张南垣的“十字诀”至今仍被园林设计界奉为圭臬。

雨果说：“建筑是石头的史书。”虽然这话用在以砖木结构为主的中国建筑上并不确切，张涟建造的那些华丽的庭院也大多没有逃过历史的车轮碾压。但当一朝朝富贵荣华如烟云散尽，我们还能看到勺园的楼阁、瀛台的奇石、畅春园的流杯亭，这是何等的幸运。

# 巢鸣盛:曾识尼丘蔬水意

## 寻踪地:凤桥镇大星村王祥里

嘉兴的秋天来得晚,经常要从立秋等到中秋再等过了重阳,然后突然有一天草叶上有了露水,菜地里若是还有没摘的地蒲,基本上就成了一个挂在架子上风干的黄褐色的硬壳,连充作蒲种壳入药都嫌老。

《本草纲目》里说:“后世以长如越瓜,首尾如一者为瓠;瓠之一头有腹长柄者为悬瓠;无柄而圆大形扁者为匏……”嘉兴农村种的地蒲大多是长条形的瓠,也有悬瓠和匏。前者是江南夏天重要的节令蔬菜,而后者不仅能食用,还在工艺美术界有一席之地。近四百年前,“海内三高士”之一、嘉兴凤桥名士巢鸣盛的传世之作“檇李匏尊”,就是用秋天的老匏壳做的。

明末清初,嘉兴盛产能工巧匠,但巢鸣盛虽然以手工艺品闻名后世,但其实并不是个匠人。他出生于1611年,跟崇祯皇帝同庚,曾经是一个平凡的江南才子,是凤桥镇巢家弄里“别人家的孩子”,二十岁以前在石佛寺读书,是小镇上颇有名气的学霸。

在大时代的小缝隙里,巢鸣盛抓住了小人物能抓的每一个机会。在李自成被拥为闯王、皇太极盛京称帝的崇祯九年(1636),他中了举人。中举,就是有了做官的资格,或者对于当时的江南文人来说,更重要的,是有了在士林里加入一方阵营说话的资格。跟其他两千多名江南士人一样,巢鸣盛顺理成章成为了复社的一员。

现在我们提起复社,多半是因为《桃花扇》。历史上的复社可能没有那么多风流才子,在山河巨变的时候,这一群最早因为痛恨魏忠贤而聚集起来的知识分子一个个慷慨激昂、气节孤高。陈子龙、夏允彝、黄宗羲、顾炎武、张履祥……这些光耀史册的名字,都曾奔走在抗清的第一线,登高一呼,应者如云。

在这些人中间,巢鸣盛只是一个很小的角色。他似乎并没有直接参加明朝遗民武装抗清活动的记载,比较可靠的说法是,在外面的世界最动乱的1644年前后,巢鸣盛曾南渡钱塘江避难,大约就是这个时候,他的母亲去世,于是举家返乡守孝。后来徐枋、张履祥，甚至吕留良和朱彝尊都称巢鸣盛为孝子。因为他回到家乡，在母亲墓地旁建造了一座永思草堂，又名“止阁”。

王朝没了，田园总还是在的。

明亡之后的整整37年，巢鸣盛后半生守在这座永思草堂里，一步都没有离开过家乡，也同样一步都没有离开过遗民士人群体的核心。他与吴中徐枋、宣城沈寿民并称“海内三遗民”；又有说，他跟徐枋和平湖李确合称“海内三高士”。

永思草堂思的是什么？止阁止住了什么？

37年隐居耕读，巢鸣盛写了好几本书，他从小潜心学习程朱理学，诗文都是爱讲大道理，动不动就“持论勉忠孝敦廉耻，仿司马程朱为家训”。这种风格，想必在书摊和私塾里都不会太讨人喜欢，所以这些书大多没流传下来。只有一本《老圃良言》，意外地有点红。

“老圃”这个词出自《论语》，弟子要学种菜，孔子说，这点上，我不如“老圃”，就是老菜农的意思。别人用这个典故，多半是要用种庄稼的事来隐喻点为官之道、教育之理，但巢鸣盛是个老实人，他就是用了“老圃”最原始的意思，老老实实写了一部农书，手把手地教人移植、修补、催养、浇灌。

“却将万字平戎策，换取东家种树书”，这是在巢鸣盛之前五百年，辛弃疾已经感慨过的悲哀。《史记》中提到，秦始皇焚书坑儒时“所不去者，医药、卜筮、种树之书”，“种树书”泛指远离朝堂、不问世事的农书。辛弃疾几度归隐又出山，壮怀激烈，并没有放下平戎策，真的去“种树”；而巢鸣盛作为遗民，除了“种树书”已经别无可选，是真的只能躬耕田园、种树种菜。

而且谁都没有想到，在后来的三百多年，巢鸣盛种的菜，比他写的文章要有名得多。

故事讲到这里，巢鸣盛一生风云跌宕几乎已经结束。但让他名垂后世的地蒲架，正要登场。

据记载，巢鸣盛归隐后，与妻子钱氏男耕女织，自食其力，在房前屋后种蒲十余种。

这里的“蒲”有十余种，应该是包括了各种“瓠”和“匏”，作为葫芦科蔬菜，它们的共同之处是肉白质密，味微甜，具有耐高温性和耐湿性等特点。袁枚说它的好处是“有味使之出，无味使之入”。这样淡泊宽厚而不起眼的角色，大概能让隐居田园的巢鸣盛感受到某种精神上的共鸣。房前屋后那十多种地蒲，很快就不只是用来解决饮食而已。他用刻有花纹或文字的模子合在匏上，长成樽、彝等形状，制成极精美的各色器皿，世称“樵李匏尊”。

这个操作，跟后世栽培异形西瓜、带字苹果异曲同工。朱彝尊在《静志居诗话》中对巢鸣盛制作的匏器有如下描述：“长如鹤胫，纤若蜂腰，杯勺之外，室中所需器物，莫非匏者。远迩争效仿，槜李匏尊，不胫而走海内”。

明末清初的江南隐士，人人心怀家国之痛，有人新亭对泣，有人拔剑奋起。气性刚烈者如吕留良，写诗赠巢鸣盛，虽然是写匏尊，但也开口就是“天下几家忘客主，此身今日系存亡”。不过巢鸣盛本人可能是朋友当中最为豁达的那一个，他有一首《题匏杯》，字里行间虽有落寞，更多的是释怀：

回也资瓢饮，悠然见古风。剖心香自发，刮垢力须攻。
不识金银气，何如陶冶工。尼丘蔬水意，乐亦在其中。

享誉海内外的“槜李匏尊”，后来作为艺术瑰宝纳入了紫禁城的珍藏。而巢鸣盛的家乡巢家弄却已经湮没在历史长河里。有人说，巢家弄的位置在凤桥镇西南的大星村，也有说是在凤桥镇东，那片土地现在有一个在嘉兴乃至长三角都非常响亮的名字——王祥里。

巢鸣盛隐居处——王祥里

今天的凤桥农村处处“小桥流水花环绕”。若是去此地寻访美丽乡村，不妨看一眼地蒲架上，在此日青枝绿叶里，可还能寻觅到近四百年前的那一段传奇？

# 柳如是:佳人那得兼才子

## 寻踪地:南湖勺园

嘉兴子城东曾有条小弄堂,名叫自由弄。而更早前,这里被称为“贤娼弄”。“娼”字虽涉不雅,但此地名源于苏小小墓(大概位置在今建国南路商城跨街楼附近),这位钱塘名妓也当得起这一个“贤”字。

苏小小身后千年,本地又有一位女子堪与其比肩。她名叫杨爱,字影怜,万历四十六年(1618)出生在嘉兴,她更为人所知的名字,是柳如是。

无论姓杨姓柳,她这一生都注定了飞絮游丝无定。当时有很多名士与她诗文酬唱,后来也有很多戏文演绎她的爱情她的才华,然而她的来处却至今成谜。

比较流行的说法是杨爱出身寒素,幼年多次被转卖,十岁就跟着盛泽名妓徐佛沦落风尘,十四岁时被江苏吴江人、大学士兼礼部尚书周道登收为婢妾。明朝内阁制度凡242年,来来去去上千阁臣,无论品行如何,至少都是博闻多识之人,只有这位周阁老十分另类,居然是以愚钝闻名,在史书上有记载的几乎都是不识“黑齿国”、错解“情面”二字之类的笑话。

不过,愚大也懂得欣赏小女孩的冰雪聪明,相传杨爱非常受宠。不过,周道登当时已年过花甲,不久即去世,杨爱受其他姬妾嫉妒诽谤,被驱赶出府,重入青楼。这之后,她改姓柳,名隐,又名是,字如是,又称河东君、蘼芜君。

以垂柳比喻风尘中人,古已有之。最著名的就是唐朝才子韩翃的《章台柳》:“章台柳,章台柳,昔日青青今在否?纵使长条似旧垂,也应攀折他人手。”杨爱这一改姓,就多了几分风流妩媚。然而“如是”二字,念起来缱绻温柔,但实际是出自辛弃疾词“我见青山多妩媚,料青山见我应如是”,又是旷达不羁的气魄。柳如是这个名字连起来,一听就不是凡品。早年被抛弃转卖无疑是一种深重的灾难,但如今人们回过头去看,或许要庆幸这样的奇女子没有被深深庭院圈禁住,而是能以相对独立的姿态行走在那个混乱颓靡的晚明江南。

离开周府的柳如是去了云间(今上海松江),那是当时江南文人的一个聚会活动中心，从十四岁到二十岁，柳如是时常穿男装参加文人聚会，当时与其有过往来的顾苓，在《河东君小传》中写她："游吴越间，格调高绝，词翰倾一时。"

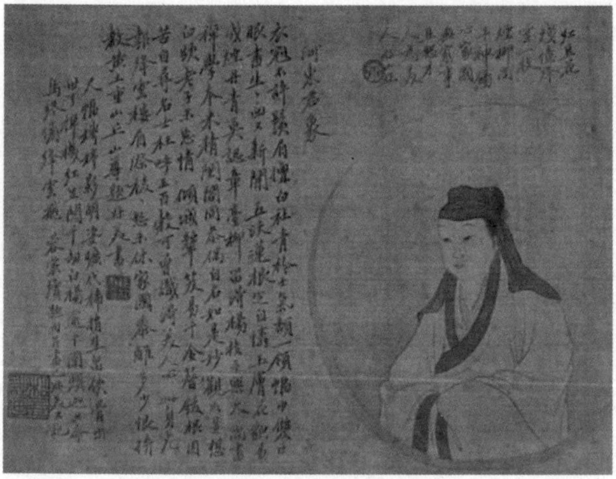

柳如是像（清・钱杜绘）

如果可以选择，柳如是可能更愿意作为一个才子，仗着才华与名士们平等酬唱。然而在她的时代，再名满天下，众人眼里的"秦淮八艳"们依然只是点缀盛宴、供人玩赏的解语花。要让人听到她们的声音，最好就是要依附于某个男子——而幸好，那时候的江南，不缺才华横溢看似前途无量的良人。"秦淮八艳"中，李香君与侯方域、董小宛与冒辟疆、顾横波与龚鼎孳都是这样的组合，他们后来在朝代更迭中或喜或悲，柳如是只是她们中间故事最曲折的一个。

柳如是在松江的第一个情人，可能是后来的崇祯十六年（1643）进士、中书舍人李待问，两人的交往可能比较短暂，值得一书的就是柳如是曾向李学习研讨书法，得到虞世南、褚遂良笔法，大有长进。

不久，豆蔻年华的柳如是就迎来了一段年貌相当的爱情。少年宋征舆被誉为"所作以博赡见长，其才气睥睨一世"。但他们的相爱同样短暂，陈寅恪的《柳如是别传》里引用了一段传说，当时松江知府方岳贡下令驱逐外地来的"流妓"，柳如是因之前是苏州人氏，在被逐之列，因此找宋征舆商量，宋性格建议"姑避其锋"。柳如是生性刚烈，对其软弱无能倍感失望，由此二人恩断义绝。

这位男装丽人十六七岁时气概，已经不是优游终日的普通士人能够比拟。离开宋征舆后，柳如是很快遇到了前半生最重要的知己陈子龙。二人曾在松江南楼同居唱和近三年。这一期间柳如是为陈子龙所作的《男洛神赋》最为惊世骇俗，此文一改将女子视为审美与求爱客体的传统，大胆表达对心仪男子的赞美与倾慕。

不过这段恋情最终也因为外力夭折。柳如是此后离开松江，而她人生最著名的下一段传奇,发生在故乡。

崇祯十三年(1640)春,柳如是来到南湖勺园小住。这个保留至今的名园是权臣吴昌时的别墅。此人有“复社眉目”之称。柳如是来时,勺园正是复社文人的重要集会之地,园中或是群贤毕至、高谈阔论,或是轻歌曼舞、品丝调竹,称得上是岌岌可危的王朝之中的一处桃花源。一日,东林领袖钱谦益来访,故事便从这里开始。虽然不知道在南湖边,两人是怎样地一回眸,怎样地一颔首,怎样地就有了脉脉相关之情。但陈寅恪先生曾说:“勺园一地,乃钱柳因缘得以成就之枢纽。”数月后,在江南最为湿冷的腊月天气,柳如是“幅巾弓鞋,着男子服,神情洒落,有林下风”,一叶扁舟便飘向了钱谦益的常熟虞山半野堂。

那个冬天,柳如是留在了半野堂。冬去春来,钱谦益带着她曾重访勺园,后钱谦益去杭州西湖与吴伟业、董小宛游黄山,柳如是回到松江。这一年仲夏,年近花甲的钱谦益以正妻礼仪迎娶二十三岁的柳如是,对于二人的身份与名声来说,这无疑是惊世骇俗之举,据说迎亲时许多人在岸上追着彩船投掷砖块,竟积满了一船。

一船的砖块压不住孤标傲世的灵魂。婚后的柳如是依然会与名士们高谈斗酒,甚至会穿着男装代夫出门拜访客人有时“竟日盘桓”,这些都显然超出了一个传统意义上“良家妇女”“贤内助”的范畴,幸好钱谦益是难得的知音,常赞她“此吾高弟,亦良记室也”。

永康侯徐锡胤曾为柳如是赋诗,曰“佳人那得兼才子,艺苑蓬山第一流”,这样的赞美,柳如是沉浮红尘多年早已听惯。多少人爱慕她的美貌与才华,但唯有钱谦益触及了她不让须眉的灵魂,愿意真正将她作为一个才子来欣赏,尊重她独立而平等的人格。

或许正是因此,明亡之后,钱谦益欲投水殉国而临阵退缩投降,柳如是虽然为此愤恨终生,之后的二十年却始终不离不弃。

康熙三年(1664),钱谦益去世,十余天后,柳如是投缳自尽。历来多认为柳如是之死是受到了钱氏族人的逼迫,但当日面对一船砖块仍然神情洒落的河东君,何至于在阅尽风霜后仍向世俗低头?或者不如说,没有了钱谦益,此时世间已经没有了柳如是留下的理由,拚将一死酬知己,也算是这个奇女子为自己选择的最妥当的结局。

# 黄媛介：无双才子扫眉娘

## 寻踪地：中基路月河历史街区

在嘉兴城里，若想找点古代江南文士们留下的影子，首选的去处莫过于月河历史街区。卖花声中从望吴楼茶馆到北丽桥，沿途是嘉兴历代十六名人的浮雕。按年代顺序从峨冠博带的陆贽一直排列到文弱清秀的朱生豪。

黄媛介绘《仕女图》

十六名人中的第五位，是唯一的一名女子——明末清初才女黄媛介。这个名字，可能大多数人都并不熟稔，但她书画诗文，她的勇气与襟怀，都值得故乡长久铭记。

黄媛介大约出生在明朝万历末年(1620)，对于小市民阶层以上的江南女子来说，晚明在某种意义上是一个最好的时代。经济繁荣文化昌盛带来了相对开明的风气，黄媛介长姊黄媛贞嫁同乡贵阳知府朱茂时(朱彝尊堂伯父)为侧室，黄媛介本人也差点为人妾室，可见黄家阶层低微。所幸彼时嘉兴城中，一般家庭的女子读书识字也蔚然成风。黄家子女个个都接受了良好的教育，媛贞、媛介姐妹及兄黄象三都有诗文流传于世。

少女时期的黄媛介存世作品不多，题材以吟咏嘉兴风物为主，文字清新可喜，不过在当时为数不少的闺阁诗人中不算突出。她的成名，始于婚姻的波折。

黄媛介自幼与同乡杨元勋(字世功，《柳如是别传》中称为杨兴公)订婚。杨家很早败落，未婚夫家贫流落异乡，迟迟不能前来完婚。当时黄家境况应该也比较窘迫，黄媛介竟以待字闺中的身份，独自到苏州、松江一带卖文鬻画。作为良家女子，此举可谓惊世骇俗，当时有不少人无端揣测她“稍涉风尘”，而欣赏她才华者,则重金求聘其为妾侍。据清初王士禛《池北偶谈》记载,当时名扬天下的复社领袖张溥刚入翰林院,曾前来求娶,黄媛介的父兄都动了心,但媛介本人誓不退婚。她隔着屏障约见张溥一面,便感叹:“吾以张公名士,欲一见之。今观其人,有才无命,可惜也。”果然,张溥不到一年就去世了。——在顺治年间,王士禛与黄媛介本人多有来往,这段传说应该不是凭空捏造,但其细节不甚可靠,如张溥入翰林院到去世之间有十年,而根据《嘉兴县志》与黄媛介诗可以推出,她最晚在 1637 年已与杨世功成婚,而张溥去世是在 1641 年,所谓“不逾年竟卒”,并不成立。此外,陈寅恪先生在《柳如是别传》中提到,钱谦益或也曾追求过黄媛介。

传闻真假不论,黄媛介诗文书画都是当世一流,尤其是一笔小楷蜚声南北,因而得以与吴伟业、钱谦益、柳如是等结为莫逆。吴伟业曾作《题鸳湖闺咏》四首夸她:“江夏只今标艺苑,无双才子扫眉娘”“才比左棻更年少,婿求韩重遇应难”;张岱也有《赠黄皆令女校书》诗云:“未闻书画与诗文,一个名媛工四绝”。

杨家贫穷,完婚后的黄媛介并没有回归家庭,而是继续着自己的江湖生涯。她在生儿育女之余,或是卖文鬻画,或是在名门任闺塾师补贴家用。杨世功一生未作成什么事业,但似乎是位豁达之人,对于妻主外、夫主内的生活并不在意。

很快,崇祯十七年(1644),清军铁蹄南下,改朝换代。黄媛介和她的文士朋友们赖以生存的那个晚明江南一夜之间支离破碎。黄媛介家被冲散,她被清兵虏获。所幸并未伤及性命,后来或是出逃,或是经人赎买营救,辗转回到了江南。

黄媛介原本就因抛头露面、特立独行而多遭世俗白眼,此番被掳归来,想必日子更不好过。顺治年间,夫妇二人离开嘉兴,在杭州西湖畔小楼中卖书画,在朋友周济下勉强维持生活。在这一期间,她数度入山阴先后为张陛(张岱从弟)与商景兰(祁彪佳夫人)家闺塾师。顺治十七年(1660)年前后,黄媛介在工部尚书赵开心之子赵而忭家为闺塾师,教导家中女孩,后随赵家进京。直到康熙三年(1664),赵氏父子相继去世,黄媛介于是回到故乡。

一身才华,半世飘零,黄媛介的这段路,不仅比普通的闺秀,而且比当时大多数的青楼名媛、文人墨客都要漫长而不易,或许也正是因为如此,她在这些人中获得了普遍的尊重与认可。无论是名门淑女的诗社文会,秦楼楚馆的吟风弄月，还是才子名士们的酬唱应和，黄媛介都频繁地参与其中。而其本人，却并非长袖善舞之辈，闽中黄文焕《黄皆令新诗序》云："皆令朴若梁家妇，竟日不轻言笑，足推闺范。"姜绍书《无声诗史》卷五则称："其所纪述，多流离悲感之辞，而温柔敦厚，怨而不怒，既足观其性情，且可以考事变。此闺秀而有林下风者也。"

"林下风"一词最早形容的是谢道韫，魏晋以来就是对女性格调的最高评价之一。黄媛介的林下之风，如其《湖上》一诗，可窥得一二：

西子湖头千顷春，风光不属去来人。
朝岚夕霭谁收得，半在凭阑半钓纶。

"风光不属去来人"，这就是一种堪比唐伯虎"车尘马足富者趣，酒盏花枝贫者缘"的旷达。

然而再旷达的才女也有迈不过去的坎。黄媛介有三子一女，一子早夭，一子由舅舅抚养，膝前仅有的一子杨德麟聪明伶俐，少年就能诗善文，一女杨本善"能诵诗，写法帖楚楚可人"。康熙五年(1666)，南归刚刚两年的黄媛介再度打点行装，携着这一对娇儿爱女北上去吏部尚书石申家任教。按年纪推算，此番带儿女出门，或为读书，或为婚姻便利，多少带着几分为孩子谋前程的期待。

然而天有不测风云，舟至天津，其子杨德麟竟不幸溺亡，第二年，女儿也卒于京师。连番打击之下，黄媛介形销骨立，决定孤身还乡，南下途中遇一位旧识贵妇挽留，在其南京别墅中休养。然而多年的奔波积劳成疾，黄媛介沉疴难返，半年后在南京去世，终究还是没有回到三十多年前她带着笔墨出发的地方。

# 陈书:不愧当年画荻人

## 寻踪地:城南路125号钱氏清芬堂纪念馆

清乾隆时期,“江浙大老”钱陈群名重一时,嘉兴钱氏的门风也屡受朝廷褒奖。最著名的,就是乾隆在《夜纺授经图》卷首题字“清芬世守”,并题二绝句:

**其一**

篝灯课读澹安贫,义纺经锄忘苦辛。
家学白阳谙绘事,成图底事待他人。

**其二**

五鼎儿诚慰母贫,吟诗不觉鼻含辛。
嘉禾欲续贤媛传,不愧当年画荻人。

乾隆盛赞的这位“贤媛”“画荻人”(出自欧阳修母亲以荻管画地教子读书的典故),正是《夜纺授经图》的画中主角、清代女画家第一人,钱陈群的母亲陈书。

陈书出生于顺治十七年(1660),祖上可以追溯到南宋陈康伯——这是一位被嘉兴人宋孝宗赵昚评价为“其从容不迫,可比晋谢安”的主战宰相。从南宋到清,五百年沧海桑田,陈家虽然没有像谢安一族那样世代簪缨,但同样做到了书香不绝。陈书的父亲是位太学生,非常重视子女教育,陈书得以与兄弟们一样自幼饱读诗书,习文弄画。陈书长大后嫁与太学生钱纶光为继室,夫妇二人在诗文书画上志趣相投。钱家自吴越国以来就是嘉兴望族,钱纶光虽然家境普通,但也有些名士习气,在交游待客上慷慨得很,陈书也如《浮生六记》中的芸娘,“拔钗沽酒,不动声色,良辰美景,不放轻越”。

这几乎是中国古代知识分子理想妻子的模板,在那个时代,陈书也当得起一句“最贤的妻,最才的女”。陈书对三个儿子的教育也毫不放松,尤其是丈夫去世之后，她经常一边纺纱织布补贴家用，一边教子读经吟诗至深夜。

谁言寸草心，报得三春晖。陈书的《出海大士像》图轴今藏于台北故宫博物院，为清人观音像中的精品。此图绘于康熙五十二年(1713)，相传是为祈愿长子钱陈群科考顺利而作。果然，次年钱陈群便中了举人，六年后金榜题名，从此平步青云。钱陈群将这幅画精心供奉在家五十余年，临终前将其献给乾隆。流传更广的一个故事是，钱陈群晚年回忆往事，请海宁画家郑玙画了著名的《夜纺授经图》，并将此图与母亲的画册一起进献入宫。乾隆为此图题字赋诗后，朝野掀起了一股热潮，士人纷纷题咏唱和，陈书作为当时的女德榜样名满天下。

陈书绘《岁朝丽景图》

陈书这个名字，虽然因为君王青眼有加、儿子身居高位才广为人知，但在美术史上，这个名字辉映人间三百年，绝不应只作为一名贤妻良母而被世人铭记。

中国古代对书画的品鉴标准很多，比如朱景玄在《唐朝名画录》序中所云：“以张怀瓘《画品断》神、妙、能三品，定其品格，上、中、下又分为三；其格外有不拘常法，又有逸品，以表其优劣也。”《画品断》全书后世已佚，但这套分类方法为后世广泛使用。清朝画坛对陈书的评价极高，认为其人物画为逸品，而山水、花卉为神品。这一论断或许有乾隆推崇、钱陈群地位的加成，但陈书存世作品不少，都具有极高的艺术水准，并非浪得虚名。

例如现藏于台北故宫博物院的《岁朝丽景图》，此图是贺年应景之作，画面用工笔花卉凑出“平安如意”“天仙拱寿”等吉祥词句。陈书当时已七十六岁，但落笔仍然精细果断，设色明快淡雅，使得画面氛围温柔富贵而不落窠臼，为花卉静物图中的翘楚之作。而《荷花图》则以率意洒脱的水墨写意手法表现，用笔洗练，古趣盎然。乾隆为此图赋诗曰：

濯涟色不妖，微露香都净。
能底神韵传，伊人本莲性。

陈书之画品、人品，在寥寥几笔中尽显风流。在中国古代，女画家这个角色要得到广泛的承认，比博个诰命都要困难得多。自明朝以来，江南女画家辈出，无论是出自名门的仇珠、文俶，还是流落江湖卖画的李因、黄媛介，几乎人人都追求洗尽铅华，"闺阁而得士气"。在这方面，陈书无疑是很成功的，乾隆赞她"结构总无巾帼气"；秦祖永《桐阴论画》评价其为"用笔用墨深得古人三昧，颇无脂粉之习"。

一个女性，安居深宅大院当好贤妻良母的同时，还能在精神上自由驰骋，这就有了一代宗师的气魄。

陈书长子钱陈群之后，孙子钱汝诚、侄曾孙钱载都曾受她养育教诲，二人不仅成为内阁学士，也都以能诗善画闻名。尤其是钱载两袖清风，告老还乡后以卖画为生，为时人所钦敬。此后钱氏子孙亦多学丹青，形成了"秀水画派"。

陈书身后近三百年，嘉兴钱镠文史研究会搜集陈书及"秀水画派"书画作品，相继编辑出版了《清芬世守——南楼老人画萃》与《清芬世守——秀水画派锦集》，引起文化界热情瞩目。陈书这个名字，由此为更多人所知，而嘉禾千年望族的百世清芬，也以丹青为媒传播更广。

# 王元启：拌向青门学种瓜

## 寻踪地：新丰镇镇北村和尚浜

这几年，新丰镇镇北村成了“网红”。作为嘉兴市级美丽乡村精品线的一部分，这个小村庄保持着原汁原味的江南农耕风景，田野阡陌、菜园篱笆与绿树清溪交相辉映，是嘉兴人亲近自然、探访乡愁的好去处。

沿着村里游人如织的“五彩田园”风景带往北，竹林边的自然村名叫和尚浜。很少有人知道，清朝康乾年间，和尚浜的王家出过一个王元启，清中叶时也算得上是个赫赫有名的人物。

不过王元启究竟在哪个领域有名，不太好用一句话概括。仕途上，他是两袖清风的廉吏；文学上，他是江南数得着的硕儒；而在当时还不太为人所知的数学研究领域，他也称得上是一名先驱。

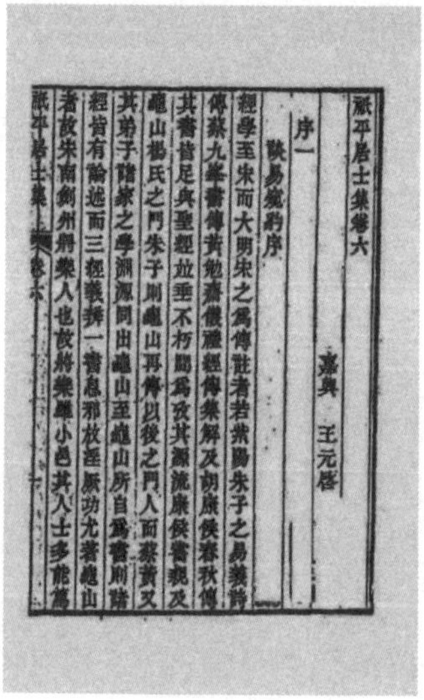
祇平居士集卷六
嘉興　王元啓
序一
陳易窺豹序
經學至宋而大明宋之爲傳註者若紫陽朱子之易義詩
傳蔡九峯書傳黄勉齋儀禮經傳集解及胡康侯春秋傳
其書皆足與聖經並垂不朽顧爲考其源流康侯嘗親及
龜山楊氏之門朱子則龜山再傳以後之門人而蔡黄又
其弟子諸家之學淵源同出龜山至龜山所自爲書則諸
經皆有論述而三經義辨一書息邪放淫厥功尤著龜山
者故宋南劍州將樂人也彼將樂雖小邑其人士多能篤
祇平居士集　卷六

《祇平居士集》书影

王元启出生于康熙五十三年（1714），其少年时的经历少有记载。他后来在《祇平居士集》中自述“元启学古文四十余年，诵习太史公书亦三十年余矣”，可见其是从小读书，且并非一心研究时文八股，而是打下了不错的古文和史学功底。

王元启出现在历史舞台上时，已过不惑之年。乾隆十六年（1751）辛未科殿试，王元启以三甲第十名金榜题名，授福建将乐县知县。南下上任前，其父王昌业谆谆嘱咐：“作官须廉不言贫，勤不言苦。尊其所闻，行其所知。”

王元启的仕途总共三个月，但他惩恶锄奸的故事，却在将乐传颂了近三百年。当地历来“胥吏上下其手，苦累庶民”，在直接关系民生的盐、米行当，官商勾结更是猖獗。相传王元启上任第一件事就是去粮行和码头微服私访，查明有的米行奸商在大米粜籴时,竟然大斛进小斛出,在斛桶底部装有夹层趁板,收进时一斛足有75斤,出货时只有70斤左右。而且当地粮船夹带私盐、商船借官走私的情况十分普遍。掌握情况后,王元启的"三把火",头一把就是缉禁私盐,平抑盐价,其次严查不法粮商,课以重罚,最后兴修水利,支持农耕。

这一系列举措令全县"令行禁止,弊肃风清""百姓欢腾于道",而一个毫无背景根基的外来七品知县,接连得罪本地利益集团的后果可想而知,这位新科进士只是在官场里打了个滚,三个月就被罢了官。因为出身寒门,王元启连回浙江的路费都没有,滞留在福建讲学近两年,靠着当地父老接济才得以北归。

作为清官的王元启早早退场,之后三十余年,作为硕儒的王元启分外活跃。他先是在福建延平、邵武、仙游等书院掌教,而后施教于河南、山东、浙江,桃李满天下,其治学的名声同样为天下所知。

清前期严酷的文字狱让天下读书人如履薄冰,到了乾隆年间政权稳固,知识分子大多有了比较稳定的治学和生活条件。此时的学界主流已经从传统的经世致用而转向了考证古典之学。王元启自小学习古文,既精于《易》,又熟《史记》《汉书》,再加上他中过进士,等于学问有个官方认证,很快就在学术圈有了一席之地。

当时江南一带的学者,或一心变革诗坛,如稍早的沈德潜,或醉心金石,如稍后的阮元、张廷济,王元启选择的道路是古文理论,他常说,"仆所心服者,唯龙门、昌黎二家,明时归有光之文。"司马迁(故乡为龙门)是"发愤著书"说的创始者,韩愈(自称郡望昌黎,世称韩昌黎)是唐朝古文运动的领袖,归有光是明代"唐宋派"代表人物,沿着这个脉络下来,王元启的文学思想可想而知。

如其为人做事的风格一样,王元启的古文研究与创作中也以方正著称,他远师韩愈,近宗归有光,为了研究韩愈,呕心沥血五十余年进行校注和评点,其《读韩记疑》一书至今仍被认为是韩愈研究中的一座高峰。他常声称自己"目不观近代之书",独有震川先生归有光例外。他为人作传、作祭文,常语言平实、娓娓道来而情致感人,颇有归有光《先妣事略》《寒花葬志》的风采。当时著名学者翁方纲、钱泰吉等多称许王元启为"真今之震川也"。

评判文章,王元启遵从是孔子所云"辞,达而已矣",推崇的是文辞简练、清楚明了,在审美情趣上崇尚自然。或许正是因为这种对简约与条理的追求,让他作为一个儒家学者,意外地对当时比较冷门的律历和数学产生了兴趣。

巧合的是，就在王元启出生的康熙五十三年，皇三子诚亲王允祉负责组织，当时全国最优秀的天文数学家梅珏成、陈厚耀、何国宗、明安图等人编纂的大型丛书《律历渊源》付梓，这套书总结了中国在数学与历法上的科技成就，代表了当时的最高水准。在前人基础上，王元启作为宿儒，富有开创性地将当时最先进的历法知识引进史学研究，其著作《史记正讹》《汉书正讹》《惺斋杂著》等对很多历史事件发生的时间作出了校正与勘误。在数学上，王元启留下的研究主要集中在勾股之学，给出了对整勾股数最简洁的描述："以三率之中率为主，倍中率为股，首末二率相减为勾，相加为弦。"

在清朝留下姓名的数学家与科学家中，王元启这样拥有进士身份与深厚儒学修养者是凤毛麟角，对于当时中国历算与数学的发展有很大意义。然而对于18世纪的世界来说，这已经不再重要。在王元启还守着书院，向学生努力科普历法计算，讲解勾股定理的时候，比他小两岁的埃德蒙·哈雷已经把牛顿定律应用到天体运动上，对那颗后来以他为名的彗星作出了预言；比他大七岁的莱昂哈德·欧拉已经继承完善了微积分，打开了数论与拓扑学的大门。

在四处讲学时，王元启曾有诗云"无端生计频为客，拌向青门学种瓜"，引用了司马迁《史记》中秦时东陵侯邵平入汉成为布衣，在长安城外种瓜的故事。王元启因不合时宜而丢官，随后天涯讲学三十年，不讲应试八股而讲古文，就连兴趣所致研究数学和历法，同样是很快湮没于近代科技发展的学问。和尚浜里走出来的这个才子，似乎总是落后于时代一步。后来的人们越来越步履匆匆，更是不再有人记得他。然而即使没有生生不息、发扬光大，那些史书角落的"东陵瓜"，依然构成了文化记忆中不可替代的风味。

# 王昙:烟霞万古堪逍遥

## 寻踪地:闸前街秋泾桥

沿着杉青闸路过了落帆亭,京杭大运河分出小小一条秋泾河。河上有座陡峭的秋泾桥,是现存浙江第三、嘉兴市区第一高的单孔石拱桥。

秋泾桥畔,现在是一片平凡的居民楼,很少有人知道,两百年前,桥畔有整个江南最古怪的一幢楼,住过一位最张扬的布衣名士和他才华横溢的妻子。

烟霞万古楼,浮名如烟霞顷刻散,文章如江河万古流。楼主王昙,史书上寥寥几笔,笔笔惊艳。

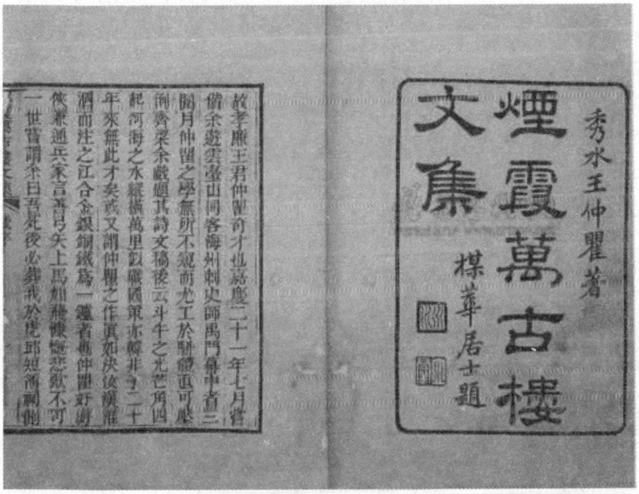


《烟霞万古楼文集》书影

乾隆二十五年(1760),王昙出生在杉青闸边的一个读书人家,四岁识千字,少年曾拜大名鼎鼎的随园老人袁枚为师,二十岁时进京入国子监读书,借住在叔祖父王际华(乾隆十年探花、户部尚书)处潜心研习经典。三十四岁应乡试,虽只是浙江省第十八名,但其应试文章一鸣惊人,“一时脍炙人口,婢女皆能诵之”。

到这里,王昙都行走在一条常见的、江南才子的成长轨道上。一般来说,举人的下一站要么是金榜题名开始仕途沉浮,要么是久考不中去做小官或幕僚。但王昙的命运到这里,以一种千年科举史上独一无二的方式,被一记突如其来的“掌心雷”轰脱了轨。

事情要从王昙少年时说起,他好游侠,善骑射,在京城时曾跟随蒙古喇嘛学习“掌心雷”。晚清以后的“掌心雷”专指一种微型手枪,但在当时,是一种动作刚猛的掌法。读书仕进,讲究的是言行举止合乎礼数,学拳脚功夫已属出格。不知道是不是受了老师袁枚的影响,王昙虽是读了多年圣贤书,身上总有几分游侠气。

这本来不是什么大毛病,但一记掌心雷,爆响在了最不恰当的时间地点。关于此事,《官场现形记》的作者李伯元与王昙的忘年之交龚自珍有不同的说法。

李伯元的《南亭笔记》中记载:“秀水王仲瞿,尝从喇嘛学掌心雷,一举手砰訇作响。尝在会试场内小试其技,监临查悉其事,将照左道惑人例治罪,经座主某公解围始已,及填榜,卒抽其卷,仲瞿乃以孝廉终。”仲瞿是王昙的字,推算下来,“掌心雷”奇案应该发生在乾隆六十年(1795)乙卯恩科。但此事并没有其他史料佐证。虽然可信程度不高,但考场上大笔一挥文章写完就拉开架势练功,一记惊雷掀翻春闱,这个热闹场景实在是符合王昙本人的性格,也符合众人的期待,因此这个故事流传甚广。

龚自珍为王昙撰写了墓志铭,其中涉及掌心雷故事,更真实也更悲凉。

此事的缘起在乾隆五十九年(1794)乡试,浙江主考官是工部侍郎吴省钦,此人很欣赏王昙。两年后的嘉庆元年(1796),白莲教起义。吴省钦上了一道奏折保荐王昙,说他能“按掌作气,辟易数十人”,建议派他去剿匪。

白莲教时常装神弄鬼,令为人保守谨慎的嘉庆皇帝对各种“神功”“异人”深恶痛绝。此时举荐“掌心雷”,几乎就是在“撞枪口”。嘉庆斥责了吴省钦一顿,令他告老还乡。吴省钦跟和珅关系密切,在历史上名声不怎么样。龚自珍等分析说,当时和珅已露败相,保举王昙去剿匪,很有可能是吴省钦装老糊涂求脱身的一着。

但无论吴省钦的动机如何,王昙的前途是真的赔在了这道保举折子上。一个本来堂堂正正以文章立足的举人,从此成了士林笑柄。王昙接下来再去应试,考官都自动把他剔除出录取名单。他文风汪洋恣肆,匿名阅卷中宁可错杀不可放过，甚至有风格相近的考生也被连累黜落。

所以王昙后半生的考场经历相当惨烈："四十二岁，改名良士。会试得荐而不录。四十三岁，会试，又获荐，复为一权人扣下，又不中。五十岁，会试，又不中。五十二岁，会试，又不中。五十五岁，会试，不录如故。"

王昙改名良士，满满的谦卑认错姿态。但一个王朝到了中晚期，成熟且庞大的官僚体系显然更加难以容纳异类。王昙态度怎样不重要。重要的是，他是皇帝亲口说了荒唐的"掌心雷"。

这样的遭遇，值得写很多传世名篇抒发孤愤。王昙在西楚霸王项羽墓前写了首诗，也有这个意思：

江东余子老王郎，来抱琵琶哭大王。
如我文章遭鬼击，嗟渠身首竟天亡。
谁删本纪翻迁史，误读兵书负项梁。
留部瓠芦汉书在，英雄成败太凄凉。

如果换个人，大概是要闭门自怨自艾过余生了，但王昙毕竟是个豪侠，一次次科举不中的背后，他的生活依旧神采飞扬。龚自珍说他："每会谈，大声叫呼，如百千鬼神，奇禽怪兽，挟风雨、水火、雷电而下上，座客逡巡引去，其一二留者，伪隐几，君犹手足舞不止。以故大江之南，大河之北，南至闽、粤，北至山海关、热河，贩夫驺卒，皆知王举人。言王举人，或齿相击，如谭龙蛇，说虎豹。"

一壶酒，一个人，就能敲锣打鼓地讲一部《山海经》，狂士之名，举世皆知。

落第回到家乡，他在秋泾桥畔建起了一座烟霞万古楼。那是一幢非常奇怪的二层小楼，据说其中没有楼梯，有客人来，他便会从楼上一跃而下。若话不投机，便耸身跳回不再理睬，而若意气相投，便拉起客人一起跃上去。满座高朋、乘醉吟诗，狂呼乍叫，高来高去。跟他比起来，竹林七贤不够生动，李白酹月也不够热闹。

烟霞万古楼门前的对联是：

室中有碧水丹山，妻太聪明夫太怪；
门外皆青磷白骨，人何寥落鬼何多。

王昙前妻早逝，续弦夫人是绍兴才女金礼嬴。金夫人善作画，夫妻琴瑟和谐，共游山水，留下不少传世之作，“自归仲瞿，益以诗文书画相商榷，志趣高远，两人亦自以为非凡夫妇也”。

然而“非凡夫妇”，也没能超越人世无常。金氏三十五岁病故。王昙一夜之间锐气凋零。他晚年带着儿子客居扬州时，门联改成了：老子没出息；小儿未入流。

龚自珍最后一次见到王昙时，当年的“掌心雷”早已不复豪侠风采：“幽如闭如，寒夜屏人语，絮絮如老妪，匪但平易近人而已。”大概是这个时候，王昙写下的落花诗，已经化狂放为悲凉：

如此飘零怨也迟，斜阳肯照未残时。
生成一树桃花命，冷落终年后土祠。
陇水人吹三弄月，孤山魂葬半坟诗。
寒鸦齿冷秋烟笑，死若能香那得知。

不久，王昙在贫病交迫中去世，还是龚自珍出资为他处理了后事。

异侠身后，那座孤标傲世的烟霞万古楼毁于战火。所幸文字比砖石土木都更加坚固，我们至今还能看到王昙以烟霞万古命名的两卷诗集。那些文字，灿若烟霞，万古长存。

# 张廷济：好将博雅清仪记

## 寻踪地：凤桥镇新篁集镇朝南街太平寺

南湖区、平湖市与海盐县三地交界处有个小小的古镇，名叫新篁。明朝时称新行市，又叫竹田里（简称竹里），曾经位居“嘉兴四大镇”之列。而真正定下“新篁”这个名字，其实也不过两百来年。清中叶的朴学泰斗、乾嘉学派巨擘、金石学家阮元（致仕后加官至太傅，谥文达）出任浙江学政时，非常赞赏当年的乡试解元，遂为其家乡题写了“新篁里”匾额，小镇由此定下了“新篁”之名。

阮文达公“新篁”二字，很可能用的是唐元稹“新篁才解箨，寒色已青葱”的诗意，表达的是对学生未来的期许。而这位解元后来虽没能蟾宫折桂，却也并没有让老师失望。他的名字——张廷济（字顺安，号叔未，晚号眉寿老人），对于文化史的影响力，并不在阮元之下。

张廷济像

乾隆三十三年（1768），张廷济出身于一个耕读传家的地方大族，一路规规矩矩到了而立之年，在嘉庆三年（1898）的乡试中一举夺魁。不过他与八股文章的缘分大概也就到此为止了，后来考了四次会试都名落孙山。

虽然举业不得志，张廷济的业余爱好倒是为他推开了上层文化圈的大门。金石学起源自北宋欧阳修，专注研究古代钟鼎彝器碑碣石刻、考辨今古文字，至清中叶在乾嘉学派影响下臻于极盛。张廷济十四岁开始收藏金石古物，年纪轻轻就在考据校勘上表现出了很高修养。阮元推重张廷济，除了他的解元之才，更大程度上是因为二人在金石学上有许多共同语言。据张廷济自己回忆，阮元督学浙江，专门在他与海盐贡生吴东发（亦为著名金石家，工书画篆刻）两人的试卷上，各加一印曰“金石交”，由此，以阮元为中心,张、吴等浙江金石学者形成了一个亲密的小圈子。嘉庆六年(1801),阮元在杭州西湖创立了诂经精舍,荐举孝廉方正及古学识拔之士六十三人,张廷济即名列其中。在阮的引荐下,张廷济多次进京,与翁方纲、钱大昕等大家往来密切,跻身当时学界顶尖行列。

张廷济中年以后,逐渐放弃了追逐功名,回乡在太平寺后广建宅院。这一片宅子是江南少见的红墙黛瓦,门楣上是阮元所题匾额"解元第",并赠诗二首:

诗人旧事传梅里,名士新居在竹田。
解得楚辞篁字意,清阴满地绿如天。

放梢新竹密围楼,金石奇文自校雠。
学得齐桓陈柏寝,也应权拜小诸侯。

张廷济虽然无意觅封侯,但这座"解元第"地位非同寻常,尤其是道光三年(1823),其子张庆荣又考中解元,更是轰动一时。宅邸中最著名的是专门用于珍藏金石的清仪阁,不逊于同时期阮元的积古斋、吴荣光的筠清馆,甚至直追项元汴的天籁阁。巧合的是,天籁阁以项元汴收藏的晋孙登(字公和)铁琴"天籁"命名,到了嘉庆年间,天籁琴先是由内阁学士铁保收藏,后铁保又将其赠给阮元的亲家、官至河南巡抚的平湖人吴璥(字式如,号崧圃)。因为这层关系,阮元和张廷济分别在天籁琴上留下了题铭。

项氏天籁阁,辉映人间数百年。清中叶江南金石学家多以觅得天籁阁遗物为荣。著名的"大梅先生"姚燮收藏到项氏天籁阁铁如意,专门为之作画纪念,并请到张廷济写了篇小记。为此雅事,姚燮连赋四首绝句,其四云:

指电挥霜二百年,老骐尻骨胜连钱。
好将博雅清仪记,补入西吴金石编。

"清仪"是张廷济的斋号,赞其文字题铭"博雅",可以如《金石萃编》这样的学科集大成之作。这倒并非友人之间的互相吹捧,张廷济在金石上的造诣,是当时圈内公认的。据《清代七百名人传》记载,张廷济"每一器一碑入手,即能知其真伪，别其源流”，所拓商周秦汉古彝鼎铭文达千种；所储石刻，自石鼓文以下至宋金元亦千种；藏石有唐天宝七载修子产庙碑、颜鲁公残石；其他如汉晋古砖、秦汉古瓦等，“亦不让古收藏家”。同乡晚辈、举人吴受福曾在光绪年间任杭州诂经精舍学堂监督，他曾评价张廷济：“金石之学有二：曰考订，曰品鹭。吾乡叔未张先生之说金石也，以品鹭为主，考订亦间及焉。出其精鉴，广为搜储，声称播海内。”

然而以阮元、张廷济、钱大昕等人为引领的这一次金石学复兴，虽然两百年来为人津津乐道，但在时代的大潮面前，这一门专注考察古物的绝学注定将走向没落。七十六岁那年，张廷济最后一次出远门，坐船去扬州为他一生的恩师、知己阮元过八十大寿。这次久别重逢，阮元欣喜异常，看到张廷济白眉长到寸许，调侃他为“眉寿老友”。扬州之行后，张廷济便自号“眉寿老人”，刻印还不忘专门注明“仪征相公所赠之号”。

而这一年，已经是道光二十三年(1843)。须发皆白的江南老名士们，依旧过着李日华式的逍遥生活，而距他们的园林不过百里之外，鸦片战争的炮声已经响过一轮，洋人在上海开了墨海书馆。下一代的江南文人，争相捧读的不再是镂于金石的古奥典籍，而油墨印刷的数理教材。

扬州之行五年后，张廷济与阮元相继去世。而后不过十年光景，富贵风雅的“解元第”就在太平天国起义的战火中毁了一大半，清仪阁中藏品流失殆尽。到抗日战争期间，日寇三次火烧新篁，“解元第”只剩断壁残垣。1950年代，因为抗洪筑坝的需要，“解元第”所剩墙砖条石悉数被征用，自此，曾经风景如画的“张家花园”全部成为荒地，被新篁人称作“张家白场”。

俗话说，“无百年不败之藏家”，清仪阁已成白场，而张廷济身后一百七十余年，凤桥镇在桃花节期间组织成立了“张廷济研究会”。此后，研究会多次举办“眉寿不朽——张廷济金石书法展”并将张廷济金石书法作品汇集成册出版，来自新篁小镇的金石之声，穿过时代沧桑，依然不朽！

# 蒲华:豪横人间笔一枝

## 寻踪地:勤俭路611号建设街道文化活动中心

建设街道百福弄社区深处,有一间高大的厅堂,白墙黑瓦雕花门窗。现在,这里是建设街道文化活动中心,而过去六百年来,这里是嘉兴城民间文化活动的一个中心——城隍庙。而一个半世纪以前,城隍庙里住过一位大画家——有“海派第一人”之称的蒲华。

道光十二年(1832),蒲华出生在城内学子弄(今育子弄)的一户小市民家庭。蒲家祖上是“堕民”,也就是丐户,社会地位很低,到其父辈,租了北边城隍庙门口的店面开了个保福饺子店,全家衣食才有了些保障。学子弄是当时嘉兴府学的所在地,这里的市井之家也多少沾了些书香气。蒲华从小跟着外祖父读书,又拜师当时嘉兴名儒林雪岩学习八股文章。

蒲华才思敏捷,据说在一场考试的时间内能写同题两篇文章,但他吃亏在了引以为豪的书法上。蒲华书法,后世评价为放而凝,拙而趣,淳厚多姿,可是这样的风格,显然与科举通行的、大众都能看得懂的正楷字格格不入。据说他少年时曾给嘉兴某乡绅作画,东家看到他写字歪歪扭扭,轻蔑地说:“我家挂账先生的字写得都比你好。”留他吃饭也只让放牛长工作陪。

蒲华一生都没有放下对自己书法风格的坚持,也为此付出了更惨痛的代价。在院试时,考官虽中意蒲华文章,但不满其写字出格,将他名次黜落到第四等,勉强给了个秀才。而此后的科举,更是屡屡碰壁,蒲华于是断了科举上进的念头,租住在城隍庙厢房里以丹青自娱。

但这困顿的十年,依然是他一生中最美好的日子。

蒲华二十二岁娶妻,夫人缪昙(即缪晓花)兰心蕙质,也工于书画。二人举案齐眉、琴瑟和鸣,缪昙曾有自题桃花卷绝句:

本来我是画家儿,煅粉调脂擅一时。
不绣鸳鸯常弄笔,桃花无语小任痴。

蒲华答诗一首，又和诗一首，其和诗云：

新愁莫罄托莺儿，桃叶桃根晓渡时。
恍见隔江春色好，几多绮语了情痴。

蒲华像

笔笔缱绻，伉俪情深。可惜缪昙命如昙花，结缡十年便不幸病故。"十年结知己，贫贱良可哀"，三十二岁的蒲华悲痛欲绝，从此决意不再娶。第二年，他将独生女儿托付与家人照顾，自己携笔砚离开家乡，浪迹江湖。

蒲华在嘉兴时，曾与友人结成鸳湖诗社，当时正是鸦片战争和太平天国运动，蒲华目睹战火，诗文中多有"奇气托宝剑，四海酒一卮""文章难报国，腐儒拙所为"等沉郁悲壮的句子。蒲华后将其诗稿自编为《芙蓉庵燹余草》。友人穆安赞其为"几经兵燹叹何之，豪横人间笔一枝"。

豪横之笔，也难免要作稻粱谋。离开嘉兴后，蒲华先到宁波，后去台州，先后在太平（今温岭）县署、新河（今属温岭）粮厅和海门（今椒江）海防同知府当幕僚。衙门里自然是规矩大应酬多的，蒲华早年就因为写字出格而科举不顺，后来也适应不了案头作楷的生活。每次坐幕，不是不久就被辞退，就是自请而去。最后，他不得不辗转温州、宁波、杭州等地卖画为生。蒲华的书画个性鲜明，不合当时潮流，他又是个名士脾气，但凡有人求画，高兴了就挥毫泼墨，从不计较润笔多少，因此生活甚是拮据。再加上其不修边幅，时常醉酒搞得油墨满身，故有"蒲邋遢"之称，常被旁人冷眼讥笑。

年近五十时，浪迹江湖的"蒲邋遢"出了一趟远门。光绪七年（1881）春，蒲华东渡日本。这比中国第一批赴日留学生还要早 15 年。蒲华喜当众作画，粗笔重墨，气势恢宏，这种风格很快在日本美术界大受欢迎。蒲华的传世之作《海天长啸图》即为纪念这段经历而作。

短暂东游，虽然并未从根本上改变蒲华的处境，他回到江南后，依然流寓四方，卖画所得仅能糊口，但开眼看世界之后，其胸襟之“豪横”无疑又更上层楼。

蒲华以书入画，擅长写意花卉，最著名的就是其墨竹，有“蒲竹”之称。早年只有吴昌硕对其墨竹推崇备至，在其为蒲华的《芙蓉庵燹余草》所作的序言中说：“作英蒲君为余五十年前之老友也，晨夕过从，风趣可挹。尝于夏月间，衣粗葛，橐笔两三枝，诣缶庐，汗背如雨，喘息未定，即搦管写竹，墨沈淋漓。竹叶如掌，萧萧飒飒，如疾风振林，听之有声，思之成咏。其襟怀磊落，逾恒人也如斯。”又有赠蒲华诗云：

蒲老竹叶大于掌，画壁古寺苍崖边。
墨汁翻衣吟犹善，天涯作客才可怜。
朔风卤酒助野哭，拔剑斫地歌当筵。
柴门日午叩不响，鸡犬一屋同高眠。

蒲华对于自己所画之竹也极为自负，曾吟诗自许：

胸襟潇洒墨花飞，漠漠风情与露霏。
消得尘氛医得俗，从知吾道入精微。

天涯作客三十余年，蒲华六十二岁时定居上海登瀛里（今汉口路、西藏路间），居室名为“九琴十砚楼”。在人生的最后二十年，蒲华笔墨臻于大成，其豪放画风终于为人所欣赏，时人将他与吴昌硕、任伯年、画僧虚谷并成为“海派四杰”。即使声名鹊起，蒲华仍不改“蒲邋遢”不羁本色，时常呼朋斗酒，周济亲友，手中不留余钱。他还参加了画坛慈善组织“豫园书画善会”，时常吴昌硕、杨伯润等捐书画义卖赈灾。

1911年夏，蒲华醉酒后假牙落入喉管，气塞而逝。身后归葬嘉兴西丽桥西塊。如今，蒲华墓已荡然无存，所幸沈汝瑾撰述、吴昌硕书写的《蒲山人墓志铭》仍嵌藏南湖监亭的内壁，供后人凭吊。墓志铭中，一句“富于笔墨穷于命”，可谓蒲华跌宕一生的精准写照。

# 沈曾植:世间原未有斯人

## 寻踪地:姚家埭21号沈曾植故居

车水马龙的嘉兴市中心,有条不到200米长的小街名叫姚家埭。街东首有座四合院,坐北朝南,五开三进。110多年前,一位退休官员建造了这座宅院,在这里平静度过了一段归隐时光。

沈曾植像

过去的很多年里,连邻居都未必知道,这位自称"姚埭老民"的乡绅名叫沈曾植。翻开故纸堆,我们还能找到他头上那些耀眼的光环——陈寅恪称他为"近世通儒",王国维称他为"学术所寄""邦家之光",钱仲联称他为"博大真人,通天教主",盖沙令说他是"中国圣人"。

嘉兴人沈曾植,一生在嘉兴停留的时间其实只有姚家埭的短暂几年。道光三十年(1850),沈曾植出生在北京南横街。他的祖父是著名的"小湖先生"沈维鐈,官至工部左侍郎,一手发掘了林则徐与曾国藩。父亲沈宗涵官至工部都水司员外郎。沈曾植兄弟四人,姐妹二人,他居第四,故又称"四先生"。在他幼时,祖父、父亲就相继去世,由祖母韩太夫人教养读书。虽然没了顶梁柱的沈家日渐困顿,但在子女教育上依然不惜成本,祖母与母亲四处延请名师,沈曾植二十岁出头就在史地学研究上崭露头角。

光绪六年(1880),沈曾植会试第二十四名,在殿试中名列三甲第九十七名。这次金榜题名虽然排名不高,但其会试的策论极受副考官翁同龢推崇,一时名满京城。沈曾植的政治生涯前半集中在刑部,后来又投身外交,出任总理各国事务衙门(即今外交部)章京,主管俄国事务。无论是在什么职位上,沈曾植都不改学者本色，在刑部，他精研古今律法，著有《汉律辑存》《晋书刑法志补》等书，三十岁出头即被推为“律家第一”；在总理衙门，他回归到了历史地理研究之中，所著《蒙古源流笺证》《元秘史笺注》《皇元圣武亲征录校注》及《岛夷志略广证》等书，都走在了当时学术界的最前沿。

然而晚清毕竟不是适合学问家安安稳稳写书拿俸禄的年代。1895 年，清王朝在甲午战争中惨败，康有为在北京组织强学会，精通历代律法的沈曾植也开始意识到维新变法势在必行。而作为一名资深文官，他的主张比康、梁要温和稳健得多，许多时候充当了居中调解缓和的角色。前后三年，戊戌变法从波澜壮阔到黯然收场。沈曾植也离开京城，应张之洞之邀到武昌两湖书院任教。

退居书院时，沈曾植已经年近五十，而他人生中的风云跌宕，此时才刚刚展开。1900 年，义和团起义席卷中原，两江总督刘坤一、湖广总督张之洞、两广总督李鸿章和闽浙总督许应骙、四川总督奎俊、铁路大臣盛宣怀、山东巡抚袁世凯等密商保护长江中下游地区（东南），这就是著名的“东南互保”，沈曾植就是将这群满清最有权势的汉族官僚重要筹划人。第二年，沈曾植赴上海，接替桐乡人劳乃宣出任上海南洋公学（今上海交通大学）第四任总理，这段任职时间不长，最值得一提的，就是他慧眼识才，聘请蔡元培为经济特科班总教习。

1906 年，沈曾植受命出任安徽提学使，不久即获机会东渡日本，考察学务，这次经历让他开始产生“冶新旧思想于一炉”的理念。在安徽五年，他一度代理安徽巡抚，终于有机会实践他理想中的“新政”。完善建设安徽师范学堂，使之颇具现代大学的雏形；创办安徽存古学堂，意欲按当时欧美国家现代大学的模式，培养中国传统学术的继承者。他的内心，装着以“复兴儒术”救国和复兴亚洲的梦想。

然而对于此时病入膏肓的清王朝来说，改良已经是一位赶不上趟的“慢郎中”。宣统二年（1910）春，沈曾植因为不愿贿赂贝子载振而处处碰壁，七月，他心灰意懒辞官退休，当年十月回到嘉兴，隐居姚家埭。一年后，他带着十万卷书迁居上海。

江南才子经历浮沉后回乡，在文化史上，往往不是退场，而是新一幕的开启。李日华如此，王昙如此，沈曾植也是如此。花甲之年的这次退隐，晚清政坛上少了一位温良革新的政治家，艺坛却多了一位勇猛精进的大书法家。

沈曾植诸体皆擅，尤工行草。研究者普遍认为，其书学思想前后经历了几个阶段：早年受包世臣的影响，对用笔方法甚为用力。中年由帖入碑，尤其喜欢张裕钊的书法，推崇《张猛龙碑》《高湛墓志》《敬使君碑》等碑版，更多注意结体。晚年他开风气之先，尝试碑帖相融，终开一代书风。

沈曾植的弟子、一代章草大家王蘧常则在《忆沈寐叟师》中对恩师的书法作了这样的总结："先生生前先以书法为余事，然刻意经营，竭尽全力，六十四岁后始专意写字。至七十三岁去世，用力极勤，遂卓然成为大家。"沈曾植启迪并影响了一大批书家。除王蘧常外，李叔同、马一浮、黄宾虹、谢无量、陆维钊、沙孟海、胡小石等，也或多或少受到他书风的影响。

不过，沈曾植自己或许并不甘心以书法和佛经颐养天年。清亡后，他以遗老自居，1917 年，张勋扶持溥仪复辟，六十八岁的沈曾植不顾年老体衰，执意北上出任学部尚书。这场复辟闹剧昙花一现，事败后沈曾植黯然南归，退隐直至 1922 年病逝。晚年的诗作，时常嗟叹"却到故园为寄客，长怀旧德对荒墩""蓦地黑风吹海去，世间原未有斯人"。在生命的最后几年，一代硕儒清楚地看到了夕阳终将落下，也意识到了陌生的时代正在到来，于是悲凉而释然地，等待着世界将自己遗忘。

然而理念可能过时，学问与艺术终不会被遗忘。2017 年 11 月，嘉兴将本市的书法艺术最高奖命名为"沈曾植奖"。姚家埭 21 号飘来的这一缕墨香，悠悠百年，经久不散。

第二辑

# 百世清芬

# 严助:剑佩声中望长安

## 寻踪地:少年路北辅成小学严助墓

嘉兴少年路北侧,一百多年前是天宁寺,现在只留下一条以寺为名的小街,街旁的辅成小学校园里,矮墙围着一个林木葱茏的大土丘。虽然坡上不见什么古建筑,但嘉兴人都叫这里严将军墓。朱彝尊在《鸳鸯湖棹歌》里就写道:

天宁佛阁早春开,鸟语风铃次第催。
怪道回船湿罗袜,严将军墓踏青来。

这位严将军,指的就是西汉名臣严助,传说天宁寺到今天的月河坛弄一带,都曾是他的府邸。事过两千多年,故居和墓地的传说未必可靠,正如在民间故事里金戈铁马之气的“严将军”,在史书上的记载,是以文才入仕。还有一个重要的知识点是,严助本叫庄助,在他活着的时候,也并不知道自己会姓严。东汉时,汉明帝名叫刘庄,庄姓为避讳而改姓严,后世遂通称其为严助。

严助像

关于严助的身世,《汉书》提到他是著名辞赋家严忌(庄忌)的儿子(一说是侄子),严忌与是司马相如、枚乘同时,都以辞赋闻名,世称庄夫子或严夫子,他的辞赋《哀时令》是嘉兴人现存最早的一篇文学作品。

严助自述自幼家中贫寒,备受欺凌而发奋苦读。不过这个说法可能未必可靠,严忌曾先后为吴王刘濞与梁孝王刘武门客,若严助为其子,生活当不至困窘。而且西汉选官用察举制,建元元年(前140),严助获地方官举荐入长安,当时能被察举者大多本身在当地已有一定名望,像朱买臣这样一贫如洗者是特例。

用今天的话来说，严助是个辩才，刚刚即位的汉武帝当场面试了地方举荐的一百余人，独有他满腹经纶、对答如流，因而被破格擢升为中大夫。在汉武帝朝，“贤良文学之士”最受重视，严助、朱买臣、司马相如、主父偃、东方朔等人济济一堂。不同于司马相如这样经常称病的摸鱼高手，也不同于只愿插科打诨的东方朔，严助的官当得可谓尽心尽力。汉朝皇权与相权矛盾突出，朝堂辩论是常事，十七岁的汉武帝急需一个“代言人”帮忙吵架，严助博学雄辩且态度积极，总能把大臣们说得哑口无言，因而在那一批文字之臣里最受器重。

不过严助这个文臣其实也没有当很久。汉朝的统治中心在中原，过了嘉兴，杭州湾南岸再往南，都是一些郡国，汉朝皇权的控制力没那么强。严助出仕的第三年，闽越国（以现在的福州为中心），围攻东瓯国（浙南温州一带），东瓯向汉武帝求援。汉太尉田蚡不想搭理，认为百越之地内乱纷纭，不如任其自流。但浙江人严助旗帜鲜明地主张出兵：“今小国以穷困来告急，天子不振，尚安所诉，又何以子万国乎?”这一番话，说中了年轻的汉武帝的心事，要真正让南方小国都心悦诚服，这显然是个不可多得的立威机会。

汉武帝皇位刚刚坐稳，不想轻举妄动，于是未用虎符，只派严助持节南下调遣军队。在会稽郡（治所在今苏州），郡守以不见虎符为由，拒绝发兵。严助当即斩了一个司马，号令出兵。“严将军”的第一次带兵其实并没有打成仗，得知汉朝军队南下，闽越闻风而退。

威加海内之后，当然要归故乡。虽然没有直接作战，但严助这一功，汉武帝还是记下了，不久就满足他的心愿，让他出任会稽太守。

在御前侍奉这几年，严助战战兢兢，如履薄冰，回到江南以后，大概是心情放松了，赴任数年都没有述职。对此，汉武帝颇为不满，专门赐书曰（《汉书·严朱吾传》）：“制诏会稽太守：君厌承明之庐，劳侍从之事，怀故土，出为郡吏。会稽东接于海，南近诸越，北枕大江。间者，阔焉久不闻问，具以《春秋》对，毋以苏秦从（同“纵”）横。”

后来，“严助厌承明”成为了一个典故，文人常以此清高自许。但严助本人，自然是没有胆子公然嫌弃朝堂的，收到诏书，他诚惶诚恐谢罪，主动罚俸三年。很快严助又被召回到长安，重新关进了黄金笼子，天有异象，地有异动，或者逢年过节了，就老老实实做点应景的文章。

不自由而富贵安稳的日子，一过又是好几年。原本严助说不定可以像司马相如一样，等到年老体弱了还能辞官还乡。但是一向表现积极，过于靠近权力中心的他，最终还是被漩涡卷了进去。

平定闽越后，严助曾出使南越，途中与淮南王刘安结交。后来刘安回京城时，二人也经常见面，刘安曾以重金馈赠严助，打探朝廷消息。在藩王与京官之间，这样的交往虽说瓜田李下，但因过于常见，平时皇帝也不过睁一只眼闭一只眼。直到元狩元年（前122），淮南王刘安、衡山王刘衡谋反，严助因与刘安的关系，牵连入狱。

汉武帝其实并不想杀严助，毕竟当年在会稽郡，一道诏令就吓得他忙不迭跑回京城，这样的人断不至于有造反之心。可惜严助的运气在这时用完了，负责办案的是在《史记》里入了《酷吏列传》的廷尉张汤。在执法方面，张汤的辩才并不亚于严助等文学之士，他在御前争辩道，严助出入禁门，是腹心之臣，但却与诸侯如此交私，“不诛，后不可治”。于是，名扬天下，煊赫一时的严助，最终竟落了个斩首弃市的悲剧下场。

嘉兴地方志上说：“严将军墓有古树大数寻，枝叶皆西北向，天将雨，辄作剑佩鸣。”西北是长安的方向，可能严助在长安时回不了江南，归葬故土之后，在天之灵却也忘不了朝堂。

严助的第六世子孙里，出了一位在富春江畔垂钓的著名隐士严光，号子陵。范仲淹赞其曰：“云山苍苍，江水泱泱。先生之风，山高水长。”不知到仙气飘飘的严子陵在拒绝汉光武帝招揽时，想起的，是不是会稽太守严助不想回，而又不得不回去的那个长安。

# 朱买臣：衣锦还乡成底事

## 寻踪地：新嘉街道北京路社区杉青闸堰

杉青闸边有座古墓，嘉兴人称之为“羞墓”。

“羞”这个字，一听就知道有故事。“羞墓”传说是汉代的嘉兴名人朱买臣前妻崔氏的墓。而朱买臣休妻，差不多算得上是史上最著名的一桩离婚案。两千多年来，京剧、越剧甚至二人转里，都有根据此事改编的剧目。

朱买臣像

这段故事，大家都熟悉得很。朱买臣家贫，一边打柴一边高声诵读经书，狷狂的样子被人耻笑，妻子崔氏觉得丢脸，主动要求朱买臣休了自己。休妻后，穷困潦倒的朱买臣卧薪尝胆，几年后终于发迹，官至太守，衣锦还乡。接下来的故事有两个版本：

其一，当时崔氏和后嫁的丈夫已经沦为乞丐，两人跪于朱买臣马前，请求收留。朱买臣命人取盆水泼于地。崔氏知其意绝，羞愧撞死。——这就是成语“覆水难收”的来历。其二，朱买臣派人接济贫困的崔氏与后夫。崔氏因而感到羞愧，悬梁自尽。

根据《汉书》，第二个版本看上去更可靠些。用一种比较温柔的比喻，朱买臣跟结发妻子的故事，可能就像是受伤的鸿鹄，暂时停到了家雀的树枝上，被家雀叽叽喳喳一顿也算是情理之中。鸿鹄起飞之后，还惦记着一脚踹翻家雀窝就显得过于刻薄，而强行把家雀带到高枝上，也实在算不得什么享福。明人咏朱买臣事，就曾说：“衣锦还乡成底事，只将富贵耀前妻。”不算是君子之行。

《汉书》里写朱买臣不过千字，四分之一的篇幅讲的是休妻案。而另外750字里的朱买臣，民间故事不甚关心，但其实作为与严助同时的名臣，朱买臣还有很多故事可以讲。

学塾里的孩子摇头晃脑背着《三字经》，其中有一段是“如负薪，如挂角。身虽劳，犹苦卓。”“负薪”就是朱买臣背柴读书的故事，可跟边骑牛边读书的隋代李密相提并论。与年纪轻轻就被杨玄感看中的李密不同，朱买臣负薪，一负就负到了五十岁，而汉朝男子的平均寿命也才49岁。可见在科举制度还没有诞生的年代，为读书这一场豪赌，朱买臣赌上的几乎是全副身家性命。

幸好，曙光虽然迟到，但终究还是来了。

严助进京，是地方举荐，风风光光地来；而稍后朱买臣的进京却分外狼狈，他随着小吏当差，押送重车到了长安。汉朝人的五十岁，须发皆白。朱买臣在家乡早已一无所有，此时他一身杂役旧衣，终于获得了仰望长安巍峨城墙的机会。

那一刻，一定是热泪盈眶的。

虽然进京的方式不太光鲜，但是朱买臣足够幸运，这时候，他遇到了已经在汉武帝身边站稳脚跟的严助。因为严助的举荐，朱买臣受到汉武帝召见，在御前讲《春秋》和《楚辞》。背着柴高声背书了半辈子，朱买臣的口头讲课功底自然也是非同凡响。试讲完，汉武帝一高兴，也给了他一个中大夫做，让他和严助一起随侍左右。这个官位，每年就有六百石的俸禄，一夜之间，穷书生春风得意马蹄疾。

鸿鹄飞得高了，方能看到羽翼的宽度。

岁数已届知天命之年的朱买臣刚刚入朝，焕发出来的锐气竟然跟年少登科的世家子弟没什么两样。《史记》中提到，卫青出击匈奴大获全胜，汉武帝想在收复的失地上北筑朔方郡，御史大夫公孙弘数次切谏，“以为疲弊中国以奉无用之地，愿罢之”。皇权与相权再次发生冲突，这次，武帝让朱买臣前去与公孙弘争辩。朱买臣不负重托，在朝堂上对答如流，一口气列出了建朔方郡的利害十条，公孙弘不能应对，武帝因此筑朔方郡。

与严助一样，朱买臣的功业不仅仅是帮皇帝说服大臣而已，他最值得大书特书的政绩是平定了那个严助带兵时望风而逃的闽越。

闽越是先秦时代就存在于浙南到闽北的部落势力，虽然归顺了汉朝，但到了武帝时，闽越王余善反复无常，屡次不听朝廷命令。朱买臣提出要发兵浮海，一举歼灭之。汉武帝就任命他为会稽太守，一年的俸禄涨到了二千石。带着重兵上任以后不久，闽越王造反，朱买臣接受汉武帝的诏令，率领军队与横海将军韩说从句章出发，由海路进攻。战争过程中，余善之弟繇王居股弑兄归顺。因为平叛有功,朱买臣位列九卿。

这一次南下,朱买臣路过家乡,创造了那个著名的“覆水难收”的成语典故。

虽然朱买臣文治国武安邦,似乎是个栋梁之才,但司马迁下笔没有客气,把他写进了《酷吏传》,还开了一个巨大的地图炮:“买臣楚士,深怨”——朱买臣是楚人,心胸狭窄爱记仇。武帝任命朱买臣为会稽郡太守时,引用了项羽急于东归的典故,打趣道:“富贵不归故乡,如衣绣夜行,今子何如?”想来也是因为深知其性格特点。

淮南王刘安造反,严助受牵连,因酷吏张汤的坚持而被处死。严助有恩于朱买臣,两人同为御驾前文字之臣,又先后任会稽太守,交情深厚。于是朱买臣就与张汤结了仇。两人同朝为官,张汤几次越权行事,与朱买臣渐渐到了水火不容的地步。最后朱买臣勾结右内史王朝、长史边通,合谋诬陷张汤勾结商人,囤积居奇,共同分赃,逼得张汤自杀。

铁面无私的酷吏往往也不爱钱,私德十分严谨。张汤一死,人人都看到了他家徒四壁、两袖清风,朱买臣的诬陷自然就站不住脚了。汉武帝一怒之下,将朱买臣和他的两个同谋一并诛杀。

衣锦还乡的荣耀转瞬即逝,这场豪赌,朱买臣最终还是输得一败涂地。

清初名士吴伟业路过朱买臣墓,曾这样总结和评论朱买臣的一生:

> 翁子穷经不自贫,会稽连守拜为真。
> 是非难免三长史,富贵徒夸一妇人。
> 小吏张汤看倨傲,故交庄助叹沉沦。
> 行年五十功名晚,何似空山长负薪。

相传朱买臣的墓在嘉兴东塔雷音阁边,倒是与羞墓距离不远。倘若泉下相见,不知过尽千帆之后,朱买臣会不会怀念那段背着柴火、夫妻拌嘴的清贫岁月。

# 陆贽:义胆忠肝一卷书

## 寻踪地:宣公弄

在嘉兴市中心的老火车站下车,穿过站房就是一片充满江南风情的街区。这里是新近整修的宣公弄区域。在这里,不难窥见数百年前东门外宣公桥、宣公祠的风采。

陆贽像

宣公,指的就是挽救了唐朝的一代名相陆贽。从晚唐到民国,无数文人墨客曾来嘉兴东门一带探访宣公遗迹。而陆贽实际的出生地是在城内的甜水井,也就是现在的斜西街东首。陆家是东吴名将陆逊、西晋名士陆机之后,是嘉兴城内数得着的大户人家,他的祖父父亲都有出仕,母亲韦氏出自中原望族。而这一支陆家的根子在城外三十六里的新丰,陆家的祖坟旁边有座三国墓,相传是吴横江将军鲁肃墓。

陆贽出生于公元754年——唐玄宗天宝十二载。这一年,安禄山乞赏部将辞归范阳,天下都知道这颗定时炸弹迟早会爆,但谁都选择聪明地缄口不言;这一年,“北斗七星高,哥舒夜带刀”刚刚收复洮阳、浇河两地的哥舒翰意气风发建立了神策军,并不知道他即将面对大厦将倾的困局;也是在这一年,户部奏天下户数:9069154户、52880488人,大唐三百年,迎来了人口最为阜盛的一个瞬间。

还来不及对盛世有所记忆,次年冬,陆贽刚刚两岁,爆发安史之乱。所幸嘉兴远离中原,此地根深叶茂的大家族足够庇护子弟。陆贽的少年时代勉强还有一张宁静的书桌。

大历六年(771),安史之乱余波渐渐平息。也是在这一年,陆贽少年得志,进士及第,授华州郑县尉,但没多久就借回家看望母亲辞官而归。

寿州刺史张镒颇有声望,陆贽辞官后便前往谒见,叙谈三日,张镒很佩服他的才华，结为忘年交。临别时，张镒赠钱百万，说："请给母夫人备一日膳食所需。"陆贽不肯接受，只收了新茶一串。不过清高的陆贽到底还是没能彻底远离官场，不久后就以考书判出色，授渭南县主簿，没两年又调回朝廷，做了监察御史。

779年，德宗即位，召陆贽为翰林学士。少年得志的可怕之处就在这里，当时的陆贽刚刚25岁，却已经有了六七年基层工作经验，是可以直入国家中枢的重臣了。德宗好文，陆贽富于词藻，君臣相得，诗歌唱和，朝夕陪游。

但唐德宗是个颇有雄心的皇帝。安史之乱后藩镇割据，经过唐肃宗、唐代宗两朝的休息，唐德宗觉得时机已经成熟，决定痛下杀手削藩。可惜他有雄心而无雄才，没做好准备就登高一呼，结果是众叛亲离，魏博节度使田悦惊疑而起，幽州节度使朱滔、成德军兵马使王武俊应和之，淮宁节度使李希烈乘隙叛乱。

为了剿灭李希烈，解襄阳之围，德宗诏令泾原等各道兵马援救襄阳，结果，泾原兵倒戈相向。继曾祖父唐玄宗之后，唐德宗成了又一个仓皇逃出长安的皇帝。

这段出逃不算太久。狼狈的九个月，对于唐德宗可能是帝王生涯的污点，但是对于随侍一旁的陆贽，却是最重大的转折点。

德宗多疑自负。藩镇叛乱了，武将外臣靠不住怎么办？他的办法就是相信自己带出来的亲信。当时皇帝大事小事都和陆贽商量，时人称陆贽为"内相"。陆贽在军中的主要任务是草拟诏书，战乱时，一天之内要下诏书数百道，陆贽挥翰而就，叙事委婉详尽，切中肯綮。德宗每有不宜之举，陆贽都出言规劝，德宗亦欣然听纳。

陆贽代拟的诏书中，最著名的是兴元元年(784)正月初一发布的"罪己大赦诏"。诏书历数了皇帝自己的罪过："上累于祖宗，下负于蒸庶，痛心覥貌，罪实在予！"谈了平叛的局势，许下了赦免从犯的诺言："其胁从将吏百姓等，但官军未到京城以前，去逆效顺并散归本道、本军者，并从赦例。"最后，抓住了实实在在的百姓利益，提出了间架税、垫陌钱，以及各种苛捐杂税的罢废。从而最大程度地聚起了民心。诏书颁布后，"四方人心大悦"唐德宗的这一局险胜，由此奠定基础。

盛世能写好文章的翰林，最多不过是一个宠臣，乱世能收拾天下人心的"内相"，才有资格成为皇帝依仗的左膀右臂。兴元元年六月，李晟收复京师，陆贽随德宗还京，升为中书舍人（正五品上）。

经历了那么多事，回到京城的陆贽也不过刚刚30岁。宋人来嘉兴谒陆宣公祠，一边赞他"忠肝义胆一卷书"，一边发问"昏主乱时公尚尔，清朝平世合何如"？乱时中流砥柱，清朝平世容易鸟尽弓藏。后来史书里的陆贽，总让人想起电视剧《琅琊榜》里的言侯，年少时雄姿英发出使列国，回到昏聩的梁朝小朝廷后，无所事事，瞬间苍老。唐德宗算不上昏君，但在一个刚愎自用又多疑善变的皇帝手下，一代"救时内相"陆贽38岁真正拜相之后，也没有了发挥的舞台，当日在乱军之中挥斥方遒，一支笔改写天下的风采一去不返。

陆贽后半辈子的功绩，几乎都在主持贡举选拔人才上，贞元七年（791），就在拜相之前，他任兵部侍郎，知贡举，主持科举考试。在他主持下登第的有韩愈、李绛、崔群、王涯、裴度等人，这些人日后有的以文学成就闪耀于文坛，有的以政治才能出众而成为一代中坚，其中李绛、崔群、王涯、裴度都官至宰相。得人之盛，当时称为"龙虎榜"。

再后来，陆贽得罪了当年对他推心置腹的唐德宗。人生的最后十年，贬谪忠州整理文章寂寞度日，相传诸葛亮说过，不为良相，便为良医。陆贽除了诗文，还留下一部医书《陆氏集验方》，大有神农尝百草的意思，至今杏林受用不尽。

永贞元年（805），陆贽卒后谥"宣"，后人尊称他陆宣公。因路途遥远，宣公殁即葬于忠州（今重庆忠县）。家乡新丰人在镇后祖坟上为他立衣冠冢，后人将此统称为陆贽坟。

苏轼评陆贽"贽以有常之德，而事德宗之无常"。倘若陆宣公有知，他一生奔波浮沉，人事自然是无常；而终于百世流芳，天道也算是有常。

# 赵昚：何日可继沛中歌

## 寻踪地：杉青闸路52号杉青闸遗址

自北向南来看，京杭大运河进浙江的第一道闸门在嘉兴城北，此地名为杉青闸，在几乎无险可守的嘉兴算是一个水路上的重要关隘。宋朝时，秀州县衙的宿舍就在此处。无数青衣小官吏流水般来了又去，而这个小地名至今被人铭记，最重要的原因，就是这里走出过历史上唯一一个嘉兴出生的皇帝——宋孝宗赵昚。

赵昚出生于1127年，北宋靖康二年，南宋建炎元年，也就是靖康之难发生的那一年。中原大地发生了无数人间悲剧，汴京城里趾高气扬的王公贵族颠沛流离，仓皇南渡。宋太祖的六世孙赵子偁算是幸运的，他在宗室里地位不高，早几年就被打发到江南当了个八品小官秀州县丞。

皇帝出生的时候，按照惯例需要有几个天生异象当"气氛组"。赵昚也不例外，一说他是神羊投胎转世；又一说是他出生当晚，杉青闸边官舍"火光烛天，鼓吹震野，至丞署而止"。后来，赵昚的孙子宋宁宗给爷爷出生的官舍赐名"兴圣院"，宋理宗给小院御赐了"流虹圣地，兴圣之寺"御匾，算是一个盖章认定。到了清代，谭吉璁的《续鸳鸯湖棹歌》有云："夜色千家尽黑甜，梦羊人起兔华纤。火光直射杉青堰，旧事人犹说建炎。"可见这两段故事传播之广。

宋人笔记中还提到：嘉兴东塔寺大钟下盖有竹席，实则底下是挖空的。赵昚儿时来钟楼游玩，一脚踩空便掉了下去。众人急忙上前搭救，却见他"屹然立于席上，略无惊怖之状"。据说赵昚登基后，遂将这座钟楼赐名为"景龙楼"，从南宋末年到明清时期，景龙楼也是嘉兴的一处名胜，有许多文人题咏。

虽然民间传说里赵昚幼年就有种种干大事的迹象，但事实上，一直到绍兴三十二年(1162)二十六岁时被立为太子，他一直不是被第一眼选中的那一个。

宋高宗赵构没有儿子，决定在宋太祖赵匡胤的后人里挑选太子，选到宫里教养的是赵昚和同辈的赵璩。赵璩长得虎头虎脑，比瘦弱的赵昚更得皇帝和太后欢心。高宗本来打算给些赏赐，就将赵昚送回嘉兴，不料临做决定，殿前偶然来了只猫，赵璩上去就是一脚。而就是这一脚，让一旁垂手侍立的赵昚迎来了命运的转机。赵构摇了摇头没有当场做决定，两个孩子都留在了宫中。

赵昚的童年少年和青年时期，几乎都是在皇宫里度过的，那想必不是一段轻松愉快的日子。赵构在收复失地上想法有限，但在人事斗争上套路很深，太后又明显更偏爱赵璩。因此年轻的赵昚在学习帝王之术前，先学会的，应该是不可多走一步路，不可多说一句话。一年年拖下来，两个孩子都已二十多岁，赵构也过了知天命之年，也已经不能再继续耗了。最后的抉择考的还是自律，分别给二人御赐美女十人，过段时间召回，发现给赵璩的那十个都已经不是处女，而给赵昚的那十个依然完璧。于是赵昚被立为太子，赵璩仅加封皇侄。

赵昚被立为太子的同年，高宗将龙椅让位于他——赵构当时应该也没想到，之后他还能做25年太上皇。赵昚登基时年纪尚轻，有足够的的能力和积淀励精图治，《宋史》评价赵昚“卓然为南渡诸帝之称首”，也不算是过誉。

南宋是一个权臣林立的时代，前有秦桧，后有韩侂胄、贾似道，只有赵昚在位时，没有出现一手遮天的权臣。他自即位起大力整顿吏治，限制相权，裁撤冗官，既集中了皇权，又削减了开支。一般来说，人在压力下会自律，而有了条件难免放纵一二，但赵昚的自律几乎完全天性使然，他从不大兴土木，衣食住行追求简朴，以至宫中的钱多年未动，串钱的绳索都朽烂了。太上皇赵构因此对自己眼光很自得，夸养子“勤俭过于古帝王”。

赵昚像（台北故宫博物院藏）

能在半壁江山经营出“乾淳之治”，宋孝宗的水平不是只有谨小慎微而已。他存世的诗作不多，除了一些赏赐和题书画的文字之外，还有一首《新晴有感》：

春风归草木，晓日丽山河。
物滞欣逢泰，时丰自此多。
神州应未远，当继沛中歌。

沛中歌指的就是沛县人刘邦那首意气风发的《大风歌》:“大风起兮云飞扬。威加海内兮归故乡。安得猛士兮守四方!”

出生在江南,一辈子没有去过汴梁的赵昚,“威加海内兮归故乡”的梦想,可能比许多北宋遗老都更强烈。为此,在即位后不久,他就召回主战派老将张浚,下诏为岳飞平反立庙,重用“守四方”的主战派“猛士”。这些举措令朝野精神为之一振。

然而重文轻武了两百年,宋军的积弊,不是一个皇帝一两年的改革就能解决的。隆兴元年(1163)五月,宋孝宗任命张浚为北伐主帅,展开隆兴北伐。这次战斗,一开始气势如虹,一个月内就收复了灵壁、虹县和宿州等地,威慑中原。然而臃肿迟钝的军事制度再一次坑了大宋一把,遇到金军强势出击后,很快就主将不和,军心涣散,直到兵败符离。孝宗态度转战为和,最终,南宋最强有力的一次北伐,以“隆兴和议”告终,虽然这次和议扳回了宋高宗“绍兴和议”中的一些损失,但仍有割地赔款条目。此后,宋金四十多年无战事。

在那之后,宋孝宗的统治又延续了二十多年,民和俗静,家给人足,牛马遍野,余粮委田,南方出现了一片盛世景象,史称“乾淳之治”。直到淳熙十六年(1189),宋孝宗内禅皇位给儿子宋光宗,五年后,太上皇赵昚安详去世。

赵昚去世后第二年,孙子宋宁宗将嘉兴县由秀州升为嘉兴府,管辖嘉兴、华亭、崇德、海盐四县,十三年后,嘉兴府又升为嘉兴军节度。整个南宋,嘉兴空前繁荣。站在杉青闸上,沿着京杭大运河北望,神州依然未远,但整个王朝,都已经不再做高唱大风歌的梦了。

# 岳珂:轻肥岂是平生志

## 寻踪地:三塔路288号岳王祠

说起岳王祠,最为知名的是杭州西湖边的那座岳庙。2012年,嘉兴三塔路边重建岳王祠,与三塔、血印寺、状元及第牌坊等串珠成线,构成了运河边一道江南人文风景线。

岳飞是河南汤阴人,南渡后户籍应该算是在临安,一生并没有在嘉兴留下明确的踪迹,但嘉兴至今仍有不少岳飞后人,而在这座始建于明朝万历年间的祠堂,甚至在各地的岳氏家族心目中,都有着很高的地位。

这一切,与岳飞的孙子——南宋名臣、文学家岳珂有关。岳珂是岳飞第三子岳霖的幼子,出生于1183年,彼时,岳飞已经去世逾四十年,宋孝宗赵昚早就为岳家平反,甚至隆兴北伐都已经过去了二十年。此时南宋承平日久,岳霖官至广东经略安抚使,名门之后岳珂完全有条件过上轻裘肥马的逍遥日子。

岳珂像

然而,他是岳飞的孙子。毛泽东曾这样评价岳飞:“他流了血,这血就渗透到我们民族体内,世世代代流传下来。”对于岳家人来说,这流不尽的英雄血更像是一种使命。岳飞遇害时,岳霖也不过十三岁,他用了二十多年辨诬伸冤,沉冤得雪后,他又致力于收集关于岳飞的资料。对于岳珂来说,祖父已经是传奇故事中的人物。但岳霖去世后,年方十岁的他就将为祖父正名立传的责任扛在了自己肩上。

岳珂在读书科举上颇有天分,十六岁中举,二十三岁就进士及第,一边应试,他还一边收集整理岳飞的资料,二十一岁时就编成《高宗宸翰》《宋少保岳鄂王行实编年》《吁天辨诬》上呈宋宁宗。皇帝读后深受感动,次年就下诏,追封岳飞为鄂王。

夺去奸相秦桧死后保持的官爵,废除原谥,改谥“缪丑”。历时一个甲子,“莫须有”之冤案彻底平反。

不过,嘉兴人记得岳珂,不仅是因为他的家世与岳王祠。岳珂咏骏马有诗云:“轻肥岂是平生志,髀肉何堪忝此身”,可见其政治抱负不小,而这一份抱负,落脚点就在嘉兴。

嘉定十年(1217)十月,岳珂以奉议郎权发遣嘉兴军府兼管内劝农事。从那时起,嘉兴就成了他的第二故乡,他的后代后来也留在了这里。朝廷赐给岳家在嘉兴的宅邸位于金陀坊,清代钱泳著《履园丛话》,书中说:“嘉兴府城西门内有倦圃,即宋岳鄂王孙倦翁珂故宅,圃甚宽广,俨若山林。”(金陀坊位置即今嘉兴实验初中范蠡湖校区)后来岳珂汇集岳飞遗文及自己所撰材料刻印的二十八卷文稿,也因之命名为《金陀粹编》。

光绪《嘉兴府志》提到,岳珂在嘉兴“有惠政”,还有“前守岳珂欲营室养孤老”等记载,可见其在民间颇受好评。不过,在嘉兴百姓中知名度最高的,既不是他的政治才能,也不是他留下的几百篇诗文,而是一段富有灵异色彩的小故事——“岳珂除妖”:相传,嘉兴子城上的谯楼,更鼓突然连续多日不打。晨钟暮鼓是古代全城人的计时器,突然停摆,也算是一件民生大事。岳珂查问得知,每晚一更天就有五人来此,彻夜饮酒作乐,自称是岳老爷姻亲,所以更夫不敢打更。当夜,岳珂亲自坐镇子城上的清香楼,命振官二人携府印,二千名兵士持械待命,待五人到来,高声喝道:“知嘉兴府岳侍郎在此,请相见!”五人竟仓皇逃走,自此邪魅遂息。

嘉兴子城的色彩与别处的著名城墙都不同。虽然也饱经战火,但子城的出名之处,不在史书上而在诗词里,不在黄云白日登高远眺之时,而在清风明月小窗私语之夜。如果说,张先的“云破月来花弄影”造就了千年子城最旖旎的一夜,那么岳珂祛妖,应该可以算是最神异的一夜。清朝朱彝尊有诗云“唯有清香楼上月,夜深长照子城西”,可以想见岳珂当年便是在如此风景之夜坐镇高城,当有几分月下猛虎仰天长啸的风范。——当然这个传说未必可靠,岳珂升任户部侍郎是离开嘉兴七八年之后的事,“知嘉兴府岳侍郎”云云,根本无从提起。

岳珂在嘉兴任职的时间不长,两年后就升任为承议郎、江南东路转运判官。据说岳珂离开嘉兴时,百姓曾呈送“三吴遗爱”匾表达留恋。后来,岳珂的经历很曲折,先是总领浙西江东财赋,后又被陷害罢官回江西,不久又起复封侯。整理了数十卷祖父生平事迹，见惯了南宋王朝最阴暗的一面，自己也经历了四十年宦海沉浮，晚年的邺侯岳珂心境，应该是通透而悲凉的，他赋诗感慨：

萧萧衰发倚西风，两岸青山尽识侬。
东去西来缘底事，只应添得一龙钟。

虽然一生匆匆东去西来，但岳珂留给嘉兴的，远不止传说而已。南湖湖心岛宝梅亭西，存放着岳珂在嘉兴留下的唯一一件实物洗鹤石池。更为著名的是一个曾供奉于旧岳王祠的铜爵，上面刻着“精忠报国”四个篆字，边上刻着“岳珂建造”四个小字。这个铜爵传承了三百多年，在抗日战争时遗失。

岳珂可能也没有想到，他的短暂寓居，给嘉兴留下了岳飞文化的深深烙印。直至他身后八百年，依然“两岸青山尽识侬”，几经兴废的岳王祠在这座城市里，再次受到了万人景仰。

# 冷谦:沧溟何处是故乡

## 寻踪地:勤俭路与环城东路口西北冷仙亭

金庸的《倚天屠龙记》里写到,明教五散人中有一位“冷面先生”,叫冷谦。最著名的一段是在六大派围攻光明顶这场人人慷慨激昂的热闹戏里,这位冷面先生总共就说了六个字。

冷谦像

金庸小说,多喜欢借用嘉兴的历史人物和故事。冷谦其人,确实活跃在《倚天屠龙记》故事发生的年代,甚至也确实如清代彭孙贻在《冷仙亭晚眺》中所称的“冷谦湖海士”,是个浪迹江湖的人物。

但与小说不同的是,历史上的冷谦不是个镶边配角,他掀起的风浪,足够写一部百八十回的传奇演义。

一般演义的开头,主角什么出身、什么籍贯、什么履历都清清楚楚。但是冷谦例外,他出生年月已经不可考,籍贯也不一定靠得住,一说杭州、一说嘉兴,还有说是湖南人的。世人只知道他是个道士,字启敬,也写作起敬,道号龙阳子。

历史舞台上,有时会有一些神奇的角色,他们不知从何处来,往何处去,莫名其妙就出现在了剧情的关键节点上。但他们往往也只是“偶尔投影在你的波心”,吹皱一池春水之后,又像飞鸟一样一去无踪迹。这些角色里,最有知名度的,可能是杭州的济公或者武当山的张三丰,而在嘉兴,则是市中心的冷仙亭供奉至今的这位冷谦。

冷谦早年的经历可考的不多,流行的说法里主要有这么几件事:在元世祖忽必烈的中统年间(1260—1263),冷谦曾跟子聪和尚一起读书,到至元元年

(1264)，子聪奉旨还俗，改名刘秉忠，入朝官拜太保，后来他成为元朝唯一位列“三公”的汉人，冷谦受其提携进入官场。又一说至元年间，冷谦曾受赵孟頫指点，丹青技艺大为精进。更知名的是一个故事是冷谦在淮阳悟道，画了一张《蓬莱仙弈图》，图后有张三丰题识，图虽然没传下来，但两位神仙珠联璧合，足够轰动一时。

到了明朝，冷谦的行踪开始变得确定起来，也留下了踏踏实实的文字作品与历史记录。

《明史》卷六十一《乐志一》开篇中还有这样的记述：“明兴，太祖锐志雅乐。是时，儒臣冷谦、陶凯、詹同、宋濂、乐韶凤辈皆知声律，相与究切厘定。”这段记录讲的是明洪武初年，冷谦任太常协律郎，当时京城郊庙乐章都由他撰定。冷谦留下的最有学术价值的著作是《琴声十六法》，以“轻、松、脆、滑、高、洁、清、虚、幽、奇、古、澹、中、和、疾、徐”十六字诀，述操琴之要，此书被视为古琴美学的根本之作，对明清古琴发展意义重大。

在元朝到明初文化凋敝，普通百姓几乎都是文盲。冷谦与权贵联系密切，擅长的是高雅的琴棋书画，还是个出家人，照理说是集齐了一切远离群众的要素。但这并不妨碍冷谦在平民百姓中间享有极高人气。

这其中的奥妙，就在他的履历上。忽必烈当皇帝时，冷谦跟着刘秉忠做官；朱元璋当皇帝时，他还出来做官。中国古代道士做官不奇怪，服务两朝两个皇帝更不奇怪，但是这两个皇帝之间隔了一百年，这就很奇怪了。

在百姓平均寿命不到40岁的乱世，这个道士在元朝初年就成名，一路风风光光到了大明，至少活了150岁，那一定是在有通天的本事。所以冷谦在老家江浙一带受到了疯狂的追捧，许多天降甘霖、地生瑞草之类的灵异故事都被附会到了他身上。嘉兴的冷仙亭几百年香火不断。朱彝尊的《鸳鸯湖棹歌》里提到“蝴蝶双飞如可遂，教郎乞梦冷仙祠”，可见在后世百姓心目中，冷谦已经发展成为一个亲民而且全能的好神仙，还能干点月老的工作。

虽然那些使用法术扶危济困的故事基本上都靠不住，但冷谦也算对得起众人的敬爱。他漫长一生中的大多数时候，是个擅长养生之道的医生，一部《修龄要旨》讲调摄、养生、四季起居、自我按摩，留下了“六字延年诀”，即“嘘、呬、呵、吹、呼、嘻”，至今影响巨大。

但是冷谦真的活了150岁吗？未必。在没有靠谱户籍档案的年代里，重名、改籍都容易造成误差，尤其是他早年在元朝的活动轨迹有大段空白，许多传闻不可考证。

但越是动荡和蒙昧的年代，大家越是愿意相信俗世中有仙人存在，他们不畏强权，无惧战火，可以穿过漫长而艰难的岁月，留下许多似真似幻的故事供人传颂。冷谦一生，在山林求道，在朝堂论争，但最为后人津津乐道的，是在市井悬壶济世。乱世之中，百姓崇拜冷仙，就是在追寻一道悲天悯人的目光，相信这远方的沧溟之中会有桃花源。

150 岁的冷仙，仿佛是那个时代的超级英雄。而相传活了 212 岁的武当张三丰，是一个比他更大牌的英雄。

冷谦在史书上的退场也退得余音袅袅。相传永乐年间，一个朋友家贫前来求助，于是冷谦在墙上画了一道门。一敲门，墙壁打开，直通朝廷金库。可惜的是这位朋友不听劝告，拿了远超分内的数额。结果事情败露，官差抓捕时，冷谦隐身遁入一个瓷瓶。这个瓶子送到了明成祖朱棣面前，朱棣对瓶说："你出来，我不杀你。"冷谦在瓶中答曰："臣有罪不敢出。"

于是朱棣大发雷霆，一掌击去，瓷瓶轰然粉碎。而就算到了这个时候，每一片碎瓷都还在说话，还在嬉笑怒骂。

碎瓷片中，自然是找不到冷谦身影的，也不知道朱棣最后是怎样收拾一地狼藉。

彭孙贻写这段故事，评论道："泥涂淹岁晚，霄汉欲飞翔。会访安期去，沧溟吾故乡"。厌倦了 150 年人世翻滚，不如摇首出红尘，去往何处？无人知晓，总在沧溟之中。

所谓"大闹一场，悄然离去"，不外如是。

# 吕原:赞化调元未尽才

## 寻踪地:县前街

嘉兴市区中山路到小西门横街之间有条县前街,现在是条窄窄的商业街。但从唐至清,作为府学和孔庙所在地,这里都是嘉兴的文化教育中心。本地自古重视文教,整修学宫也是历朝历代的常规动作。

而就在六百年前,明英宗初年的一次例行整修中,发生了一段小插曲。知府黄懋看中了一个贫困少年的才华,想把修府学剩的木材赏给他,但少年婉言谢绝:"此先圣之泽,我岂可占据。"

后来,这位风骨嶙峋的少年一飞冲天。世人都知道了他的名字叫吕原。

吕原虽然家贫,却也算是个书香人家出身。明朝大兴官学,衍生出一套复杂的学官系统,其基层吸纳了大量举人和秀才。吕原的父亲吕嗣芳本来在山西万泉县(今运城市万荣县)当一个小小的九品教谕,年老之后携全家到景州(今河北衡水市景县)与长子吕本(不是嘉靖年间成为内阁大臣的那个吕本)同住。吕本是景州训导,也是个未入流的低阶学官。吕原垂髫之年,父兄相继去世。两代清水衙门当差,没多少积蓄,吕原母子无力归丧,只得把父兄薄葬在景州。据说当时吕原经常到父兄墓前恸哭,引得过往之人都心酸不已。

但是擦干眼泪,作为家里唯一的男丁,吕原还要咬紧牙关,带着母亲回乡。家里没有了顶梁柱,孤儿寡母回到嘉兴以后住在东门外的天马桥,经济愈发窘迫。所幸嘉兴府的一名学官半是同情,半是赞赏他的才华,聘请他到家里带着孩子读书。一次偶然的机会,知府黄懋读到了他的文章,大加赞赏,于是吕原得以入府学读书,也就有了赠送木材的故事。

黄懋被后世评价为"有能声,尤重视学政,孜孜好贤",他也确实是个伯乐。吕原在府学读书到二十四岁,正统六年(1441)一举夺得浙江省乡试第一名,也就是解元。第二年,又会试、殿试高中第二名榜眼,授翰林编修。

寒门学子少年得志,春风得意乃至好高骛远都在情理之中。但是吕原其人却有些不通情理。进士及第就去了翰林院老老实实编书。编著《宋元通鉴

吕原像

续编》时，因为一件事没考证清楚，废寝忘食郁郁寡欢了好几天。待到考证清楚，吕原大喜过望，对门生说："即使给我官升两级，也不如得此可喜。"陆游曾说"古之君子，学以为己"，吕原自然是有这种古君子之风的，终其一生，他对自我修行的重视都令人印象深刻。

翰林院储备着一个王朝最顶尖的文官人才。明朝大多数阁老，都是自这些埋头治学的进士之中脱颖而出。吕原少年时以才华征服嘉兴知府，到而立之年，同样的故事又重演了一遍。明代宗景泰元年(1450)吕原升侍讲，充经筵讲官，与同官倪谦一起负责教授小太监黄赐等七人在文华殿读书。皇帝偶然来视学，对二人的讲学水平甚为赞许，遂提拔二人为侍读学士。七年后，明英宗复辟，改元天顺。当时政局纷乱，先是左副都御史徐有贞与武清侯石亨、宦官曹吉祥等人策划发动夺门之变，拥戴明英宗复辟，诛杀于谦；后是石亨、曹吉祥与徐有贞争权，已当上首辅的徐有贞与内阁大学士李贤一度入狱。

越是八方风雨的时候，越是显出老实人的可贵。徐有贞、李贤下狱的第二天，五品官吕原就受命入内阁参预机务。石亨、曹吉祥权倾朝野时，不把别人放在眼里，倒是对这位年轻的内阁学士另眼相看。一次上朝，石亨见吕原身着五品官的青袍，便笑着吩咐手下为其换袍色，对于这种笼络亲近的手段，吕原未做任何回应。当时明英宗的诏书，多由吕原与正统十三年(1448)戊辰科探花岳正草拟，二人曾罗列出石亨、曹吉祥的诸条罪状上奏，虽然折子石沉大海，却令石、曹胆战心惊。

不久，承天门遭雷击起火，这算是皇帝需要下罪己诏的大不祥。这道诏书主要由岳正草拟，鞭辟入里，朝野传颂。石、曹二人嫉恨之余，从诏书文字中捕风捉影，称有诽谤影射之嫌，矛头直指吕原、岳正。英宗也忌惮石、曹的权势，于是对行事宽厚的吕原尽力回护，称"原素恭谨"，却顺水推舟把错处都安在平时不掩锋芒的岳正头上，罢官了事。

注重内省、宽厚和平的性格又救了吕原一次。但在此事中，吕原做到了"世慢君子恭"，却未必能称为"世谀君子直"。对自身德行过分关注了，难免就对世事有些迟钝不到之处。冯梦龙在《智囊全集》中记载的一则故事也对此提出了批评。

相传就在朝堂斗争白热化的天顺元年（1557），吕原回嘉兴探亲时，一位同村的无赖醉酒竟闯进吕府高声喝骂。吕原自诩有唾面自干的修养，于是未加追究。不料他回京之后不久，这名无赖便犯法被处以极刑。吕原得知此事，后悔不已，觉得若是当初自己不是一心要保持宽厚形象，而是讲原则，认真把醉汉送官惩治，可能就不至于酿成大错。

仅就修身一事而言，吕原大概已经是当时天下离儒家君子标准最近的人。岳正罢官不久，李贤复职并出任首辅，吕原辅之，与岳正同榜的状元彭时也入阁，三人把内阁打造出了明朝三百年间罕见的团结清明景象，天顺八年（1464）明英宗去世后，在朝廷与后宫的种种乱象中，内阁起到了定海神针的作用。

只是到了那时，内阁中已经不见了最年轻的吕原。天顺六年（1462），吕原的母亲去世，他为此三日水米未进。归葬母亲时，他绕道景州，将父、兄棺木迁运南下。

少年时的遗憾终于弥补。对父母尽到了最后的孝道，吕原个人的心路历程已能称得上圆满。或许是如释重负，再无牵挂，他竟于父母尚未落葬时猝然离世。其同年，两广总督、右都御史韩雍有悼诗云："赞化调元未尽才，哭亲声里动悲哀。"诚哉斯言。吕原虽修身齐家德行圆满，但放眼这万里江山，正是一展赞化调元之才、治国平天下之时，未尽其才即弃世而去，当令天下英雄扼腕。

# 紫柏真可:内外从来本自光

## 寻踪地:禾兴路勤俭路口西北楞严寺旧址

嘉兴老底子有句话:"嘉兴穷归穷,还有十万八千铜。"这十万八千铜着落在哪里?就在市区禾兴路勤俭路西北。老一辈的嘉兴人都知道,这里曾是一座始建于北宋的华严宗古刹——嘉兴的"七塔八寺"中,以大铜佛闻名的楞严寺。

"文革"期间,大铜佛被销毁,熔铜一万多斤;1980年代,楞严寺仅存大殿被拆。整座古刹,只剩下半片嵌在水泥墙里的莲花石座。

但是总有东西,比铜佛和大殿更加持久。

我国第一部方册本大藏经名为《嘉兴藏》,就出自楞严寺。这是我国编纂刊印的大藏经中收录内容最多的一部,380函12000卷,编撰用了118年,随后传灯不灭三百年。

而当日在楞严寺立下这百年修经宏愿者,正是明代四大高僧之一的紫柏真可(1543—1603)。

紫柏真可像

紫柏真可原是吴江人,俗姓沈。现在通行的画像或者塑像都称得上慈眉善目。但实际上他貌伟不群,性格刚烈勇猛,慷慨具侠义气。他生于嘉靖年间,长城以北,蒙古鞑靼部首领俺答汗不断寇边;东南沿海,时时滋扰的倭寇已成心腹大患。因此十七岁那年,这位沈姓少年背起行囊悄悄出门,怀着从军建功立业的梦想一路向北。

这是一次非常戏剧性的离家出走。少年黄昏行至苏州阊门,遇到了一场大雨。雨中一声佛号,虎丘云岩寺的明觉禅师执伞持灯,飘然而至。不知二人说了些什么，少年便跟着禅师回寺里避雨投宿。那一夜，虎丘塔下僧众齐诵《八十八佛忏》，那满身豪气的少年听着，突然就心中一片宁静欢喜。次日，他解下行囊，剃度出家，法名达观。

从吴江到阊门不过数十里，可见少年这场叛逆不过一两天；从江南到塞北，投军出征多不过数年；而从虎丘塔下出发，达观禅师（中年改名真可，晚号紫柏）后来走的路，远比他的一生都要长。

紫柏在虎丘闭门读书三年，受过具足戒后云游西方。从苏州往东南方向走，第一座大城就是嘉兴府。在嘉兴东塔寺，他曾遇见僧人抄写《华严经》，心生恭敬，便跪在一旁观看，叹道："吾辈能此，足矣！"于是来到武塘景德讲寺（旧址在现在的嘉善魏塘），又闭关三年。

东塔寺有南宋皇帝御赐的"华严经阁"匾额，其之于华严宗，地位有如虎丘云岩寺之于禅宗。紫柏虽为禅师，但在青年时期就有了诸宗融合，带动佛教复兴，甚至是儒释道三教合一的胸怀，而这，后来也成了明末四大高僧（莲池袾宏、紫柏真可、憨山德清、蕅益智旭）共同的事业。

嘉善闭关归来，紫柏回到虎丘，辞别师父明觉禅师，再次策杖游方。这一次，他走出江浙，先是到庐山深究法相精义，后又朝五台山，不久又上泰山，游京师。如果安于做一个出世高僧，融汇各宗所学，每天讲经论道，或许紫柏可以潇洒地活到天给之年。然而他选择的，是一条更加崎岖，也彰显大乘佛教胸怀的道路。

学法、出世的目的，不是给自己修圆满，而是护法、济世。带着普渡众生的执着，万历三年（1575），紫柏回到了与自己渊源深厚的嘉兴。

这一次，他专程去了楞严寺旧址。始建于北宋楞严寺，当时已经荒废。紫柏回到嘉兴，在废墟上伫立良久，作诗咏道："明月一轮帘外冷，夜深曾照坐禅人。"

在嘉兴，他立下的第一个宏愿，就是重修楞严寺。经过多年云游讲经生涯，当时的紫柏身边已经有了不少追随者。很快，寺院修复一新，大大小小二十六尊铜佛更是名满江南。让嘉兴从此留下了"十万八千铜"的传说。

第二个宏愿，便是修经。他认为，以往所刻大藏经，卷帙浩大，不便于普及，于是四处奔走央告，募资招贤，雕刻方册大藏经，以便流通。

这是一场以嘉兴为策源地的佛教文艺复兴，袁了凡、陆光祖、冯梦祯……一群嘉兴籍的居士和僧人是《嘉兴藏》首创、发缘、决策、刻印……

身后，嘉兴僧俗功业不辍，至明末战火中，楞严寺住持性琮为护卫经藏身受重伤。肝胆相照、薪火相传的《嘉兴藏》，历时 118 年，至清康熙年间方才宣告完成。

作为发起人的紫柏，原本可以深居寺院安静地刻印更多经书。但既然选择了大乘的道路，他便有了为天下苍生投身地狱的觉悟。

万历二十七年（1599）他卷入了政治漩涡之中：明神宗为敛财大征矿税，引发民怨，南康知府吴宝秀为民抗税，被捕入狱。紫柏进京试图营救，令许多权贵侧目。而几乎同时，他的至交、明末四大高僧之一的憨山德清也因卷入了皇帝与太后的矛盾，被流放岭南。

紫柏真可于是长叹："老憨不归，则我出世一大负；矿税不止，则我救世一大负；《传灯》未续，则我慧命一大负。"其中出世救世，矛头都直指当权者。于是并不意外地，万历三十一年（1603），著名的"妖书"案发，紫柏被诬为作者，旋被逮捕入狱。

"升沉虽复凭他力，内外从来本自光"，紫柏早年这句咏琉璃灯的诗竟一语成谶，即使是久负盛名的高僧，依然免不了被他人左右浮沉。明朝的诏狱以残酷著称，著名的"东林六君子"即被拷打致死。当时士大夫中不少人想营救他，紫柏受尽酷刑，却依然眉目从容，宣声佛号曰："世法如此，久住何为。"

腊月戊戌，紫柏真可微笑而逝。留给世界的最后一句话是——"吾去矣！幸谢江南诸护法。"

紫柏身后三年，憨山德清遇赦北归；又十余年，万历临终前废除矿税。而2008 年，《嘉兴藏》重回故里，这部"研究中国佛教者最为珍视的宝库"终于以足本全书的形式重辑问世。紫柏最后的"慧命一大负"，在三百年后的江南，在他当年驻足观看《华严经》的地方，实现了一次圆满。

# 高以永:一官消受菊潭清

## 寻踪地:新丰镇竹林村高以永史料陈列馆

得一官不荣,失一官不辱,勿道一官无用,地方全靠一官;
穿百姓之衣,吃百姓之饭,莫以百姓可欺,自己也是百姓。

这副著名的对联,高悬在是国内第一座衙门博物馆——河南省内乡县衙门前。写这副对联的人,是清朝康熙年间的内乡知县、嘉兴人高以永。

高以永的故乡,新丰镇竹林村至今仍有高家埭地名,这一支出自北宋名将高琼的高姓,数百年来都是新丰大姓。明代万历年间,高以永曾祖父高文登曾任河南叶县知县,被《南阳府志》载入名宦列传,称他"为官仁政爱民,深得百姓称颂"。

差不多正好是隔了一百年,河南又迎来了一位来自江南的高知县。高以永在康熙十二年(1673)中三甲第十二名进士,康熙十八年(1679)调任河南内乡知县,兼管镇平、淅川两县事务。

高以永像

内乡"守八百里伏牛之门户,扼秦楚交通之要津",是个物产富饶之地。但当时的中原大地还没有从改朝换代的战乱中完全恢复,高以永车驾进城时,看到的是衣衫褴褛的流民、萧条破败的街市、杂草丛生的田园。高以永不算少年得志,来到内乡时已经五十岁,尽管已经吃过许多苦,走过许多路,但这里的贫瘠依然令他震惊。

上任才三天,高以永就为内乡除了一大害。当时,襄阳总兵杨来嘉随吴三桂起兵叛乱,内乡南接襄阳,是朝廷重兵布防之所。这些驻军军纪不严,经常骚扰乡里,甚至在光天化日之下绑架百姓。高以永新官上任,并不惧怕这群地头蛇,立即派人将为非作歹的军士抓起来,把官司打到院司,令内乡驻军上下受到应有的惩戒,终是还了百姓一个公道和太平。

这可能是高以永在任内唯一一次动怒。他来内乡时已届知天命之年,一直是一个睿智而宽厚的长者形象。他将内乡县衙的二堂命名为“琴治堂”,用的是战国时宓子贱鸣琴而治的典故。

高以永任上兼管镇平县事务,当地有人犯罪潜逃,官吏将其老父与幼子羁押起来。高以永认为,儿子犯罪,不能株连老人,而老人需人照顾,因此将祖孙二人开释,这一举动令镇远百姓深受感动。

明清两代,八股取士,出口成章的进士多半五谷不分。高以永来自江南,又是科举出身,但对中原农业经济的把握能力令人叹服。他到内乡时“地尽芜废”,虽然处处是抛荒的田地,但根据当时法律,只有拥有一定家产者才有资格开荒,开荒后的第六年就需要上交赋税,这对于当地的社会经济状况来说,是一个不低的门槛。见状,高以永上书为农民争取来了放宽开荒资格,延迟征税等政策。为快速帮助百姓增收,高以永在鼓励农民开荒种粮的同时,大力支持当地发展桑、麻、枣、栗等经济作物。对于赤贫的农户,政府还给予耕牛和种子的支持。他在内乡九年,周边流亡百姓纷纷来归,几年时间就开辟出了2000顷良田,县内粮食丰盛,百姓安宁。

对于自己在内乡的业绩,高以永显然深感欣慰。河南到浙江路途遥远,他未带家眷,期间也一次都没有回乡探亲,但在寄家乡亲友的书信中,他时常提起内乡,如寄其二兄诗云:“数世瞻依凫舄在,一官消受菊潭清。”菊潭是内乡的名胜,常用作当地的代称,从田园荒芜到到菊潭水清,高以永在内乡的九年,有口皆碑。他离任时,内乡百姓追送数百里,并为他立了“德政”“去思”两碑,以志怀念。

高以永离开内乡后,离家乡更远了一步。因为政绩卓著,他被提拔为河北安州知州并兼署新安县事务。他刚到安州不久,就面临了一次大考验。康熙二十八年(1689),安州“境内大旱,赤地千里”。受灾的农民成群结队地来到衙门请求救济。在危急时刻,高以永不再是当年在内乡“鸣琴而治”的恬淡姿态,而是雷厉风行,命人打开常平仓救济灾民。发现常规储备的救济粮不够用时,他又冒着风险当机立断,请示打开国库,发放赈灾款30万两。当时高以永已是花甲之年,但他仍不辞辛苦亲自奔赴各村,确保灾银切实发到了百姓手中。据县志记载,高以永连日在田间地头奔波,晒得面目黧黑,百姓都认不出他是当官的。

从河南到河北,在中原的荒野与烈日下奔走的时候,高以永的心里装着的,除了百姓,应该还有一个依稀梦里的江南。在他留下的数百首诗中,写得最多的是家乡风景,如《忆江南》绝句其四云:

江南寒食落花天,满地平铺白玉钱。
家在鸳鸯湖上住,断肠春色自年年。

终其一生,他都没有再见过鸳鸯湖的春色。在安州任上四年之后,高以永又被擢升为户部江西司员外郎,依然是京官。可能是由于多年地方官经历积劳成疾,在户部任职仅一年,高以永便溘然长逝。为官二十年,他除了随身衣物和书籍外,没有留下一分私产,以至于要靠亲友接济,家人才得以将其棺木运回江南。

江南牵绊着高以永的游子意,而中原铭记着他的故人情。当家乡的田野上建起高以永史料陈列馆,人们用吴侬软语传颂着乡贤往事;宛梆演绎的《内乡知县高以永》也响彻了中原,用河南官话唱出了一座城绵延三百年的怀念。所谓“蔚为风教始,千载流芬芳”,不外如是。

# 汪如洋:不买华裳朝紫陌

## 寻踪地:三塔路"状元及第"牌坊

嘉兴市区色彩最美的路一定是三塔路,这里有杜鹃的红花、大运河的绿水、银杏的黄叶,居中的留白,就是市民熟悉的"状元及第"牌坊。但这座牌坊背后的故事,知道的人其实不多。

汪如洋像

这座牌坊的旧址上,三百年前曾有过一座以藏书著称的乡绅宅院"铁舟园"。而铁舟园最著名的主人,名叫汪如洋,乾隆四十五年(1780)庚子恩科殿试头名状元。据说,二十六岁的汪如洋金榜题名时,"长身玉色,眸子顾盼炯然,朝宁伟之"。这几乎是一个戏文里才有的状元郎理想型。

汪如洋的仕途也满足了人们对状元郎的一切想象。他是奉旨入直上书房,侍从乾隆皇帝左右,以性格恬淡沉厚,不汲汲于名利著称。虽然备受信任,但是汪如洋并不屑与权臣同流合污,在和珅威权隆重、门庭赫奕之时,他不仅不肯攀龙附凤,甚至公开"倡言欲劾和珅"而朝野惊动。

他又不是贾政那样无聊和板正的清官,汪如洋留下了许多诗文,笔触意外地活泼敏锐,极少有说教文字。他去极乐寺看牡丹,会开玩笑,说老和尚是"庞眉老衲性光皎,落絮黏泥万缘了";错过了芍药花期,他的伤春"两架藤阴一池絮,可能了当看花心";甚至泡个温泉,也会热情赞叹:"澡身有神功,五体急投勇。虽非八功德,信是妙莲种。"

这都是一个热爱生活的人才写得出来的诗,在明清那些科举成名的文臣中,这样的热情并不多见。也许正因为如此,江南才子汪如洋,能在云南留下浓墨重彩的一笔。

乾隆五十一年(1786)冬,汪如洋督云南学政。从文风蔚然的江南和京城,一步到了教育落后的云南,一般人恐怕都会觉得无从下手。但这位刚过而立之年的状元郎,却迅速放下了清高的姿态,手把手地从最基层抓起了教育。据记载,当时地方官学中生员的定期考试需“五经同试”,汪如洋考虑到云南普遍薄弱的教育水平,专门上疏,将考试改为“每科以一经轮试,轮毕然后并试”。而每次考试时,他都亲自写一篇范文,考后召集生员,亲自讲解点评文章。

在云南三年,汪如洋不只是一个“支教”模范,他传世有《滇南新乐府六章》,《取狐狸行》《销盐歌》《头人谣》等作,满篇都是当地民众的疾苦,而文字间记录的西南边陲风情也是宝贵的民俗学资料。

汪如洋的云南三年,传奇之处当不亚于纪晓岚的伊犁两年。三年后,汪如洋回到京城,依旧入直上书房。按说出身好、学识好,又是文字近臣,还在地方历练中证明了自己的能力,汪如洋的前途当不可限量。然而天不假年,乾隆五十九年(1794),刚满四十岁的汪如洋竟突然病故,士林为之扼腕。而就在他去世前一年,同榜榜眼江德量去世,乾隆六十年(1795),探花程昌期去世。春风得意的殿试三甲,竟在两三年间凋零殆尽,而卒年皆不过四十出头。对当时正在由盛转衰的清王朝来说,这几乎可以视作一个不祥的预兆。

汪如洋虽英年早逝,嘉兴铁舟园的文脉却并不因此稍断。回过头去看,整个清中叶,三位状元、八名进士皆从这里走出,几乎就是一出现实版的《满床笏》。在汪如洋金榜题名之前四十五年,乾隆朝的第一个状元杭州人金德瑛,就是汪家的女婿,在铁舟园里读过书。

乾隆对金德瑛的评价是“端平简直,无有偏党”。他一生仕途波澜不惊,最后官至左都御史,是个从一品的大员。其门下学生中,就有著名的“江西四才子”之一蒋士铨。

第二个与铁舟园有关的状元也姓金,也是杭州人,也是汪家的姻亲。

乾隆七年(1742),国子监学正金甡连中会元、状元,随后入直上书房,擢詹事,再迁礼部侍郎,一生平步青云。金甡,就是汪如洋的外祖父,尤其幸运的是,在他年近八旬时,亲眼看到了自己的外孙复制了自己的成功。祖孙皆连中“二元”,这在中国科举史上仅有两对(另一对是苏州的彭定求、彭启丰祖孙),可谓荣耀至极。

而铁舟园里,走出来的还不仅仅是三个状元。在汪如洋当上状元之前,他的父亲、金甡的女婿汪孟鋗在乾隆三十一年(1766)中了进士;汪如洋的哥哥汪如藻是乾隆四十年(1775)的进士,弟弟汪如渊和儿子汪世樽也分别在嘉庆朝和道光朝考中进士;他的孙女婿,桐乡人金鹤清在道光二十五年(1845)高中榜眼。直至当代,嘉兴汪氏依然人才辈出。

为什么江南的这一缕文脉,得以传承生生不息?答案,就在三塔路上的那一座"状元及第"牌坊上,此处楹联有云:

鲤鱼临门,纵有铢钱困我,不买华裳朝紫陌;
状元及第,却无尘世烦心,常因笔墨换斯文。

状元是何等光荣,而这座为光荣而建的牌坊,字里行间却没有一丝炫耀。再怎么学业有成、仕进有声,都要记得浮华背后的本心。

# 钱陈群:一缕清芬传百世

## 寻踪地:城南路 125 号钱氏清芬堂纪念馆

现在嘉兴市中心有条路叫天官坊路,路上东菱·天官坊小区附近一个花坛里还残留着两根天官坊立柱,上了点年纪的嘉兴人或许还记得,就在这附近,过去西门边的这个街区名字就叫天官牌楼。

这段历史,就藏在闹市中。

天官牌坊得名自明朝嘉靖年间的名臣吴鹏,尚书是天官,住的地方就叫天官牌楼了。后来这条街上有过很多牌楼,住过很多名人。吴鹏身后百多年,就有一位声望不比他小的清朝大臣住过此地——

钱陈群像

钱陈群,字主敬,号集斋,又号香树居士。

熟悉江南文化的人,看到这个姓氏就明白了几分。江南钱家来自仅有七十二年寿命的小王朝吴越国,这个王国给江南留下了保俶塔和钱塘江堤,留下了三秋桂子、十里荷花。而钱氏王族虽然在历史长河中失去权杖,他们依然是一支绵延千年的望族。

钱陈群,就是吴越王国后裔,世居海盐,钱陈群祖父时迁居嘉兴,父钱纶光是个太学生,也是个有诗名的才子,不幸早卒。钱陈群由母亲陈书教养长大。——作为代宫廷收藏画作最多的女画家,陈书这个名字得以流传,绝不仅仅与这个出色的儿子有关。

钱陈群诗书传家,几乎满足了当时王朝对于读书人的一切美好想象。

他勤奋治学,有许多励志的故事。十八岁那年,在故乡已有文名的钱陈群北上进京,交游文士。然而北京的冬天对于江南人来说确实太过难耐。青年钱陈群不过是个帮人编书拓碑的小角色,囊中羞涩,冬天早起抄书冻得手脚皲裂，也只能花三百个大钱买个皮袖套，自己缝到棉袍上暖暖手。二十四岁那年，钱陈群回到家乡，带着两个弟弟在家中南楼上读书，为了专心向学，他们抽掉了读书楼的楼梯，平时衣食都靠绳子吊进去，两年时间只有除夕夜下过楼。

他事母至孝，在外宦游时听说母亲病重，立刻还家，心痛到“呕血，盆水尽赤”。

他谦恭爱人，即使是做了大官之后，出门遇到驿卒帮忙挑行李，他也要亲自掂掂轻重，确定自己也能挑得动的，才敢往人担子上放。

康熙六十年(1721)，三十六岁的钱陈群考中了进士，改庶吉士，授编修。没两年雍正即位，钱陈群也颇受重用。雍正七年(1729)，任陕西宣谕化导使，后任侍读学士，入直内廷，充日讲起居注官。雍正特召钱陈群，上谕说：“朕看汝将十年，今日方知汝真是安分读书人。”

钱陈群的仕途，正逢康乾盛世，那是继北宋之后，又一个读书人安安分分，也能有机会平步青云的好时候。雍正夸过他以后没几天，由赞善擢庶子，又五日擢学士，明年命视学顺天。钱陈群到了顺天，培养出了纪昀、翁方纲、钱大昕等人。后来钱陈群多次任乡试主考官、会试副主考官，也称得上桃李满天下。

钱陈群是赶在康熙朝的尾巴上入仕的，到了乾隆朝，勉强也算是三朝元老。他深通诗法，书法苍劲，为人老成持重，处事谨慎，清廉自持，有古大臣风度，为乾隆皇帝所赏识。乾隆把他倚为元老儒臣，称之为“故人”；又与沈德潜两人被乾隆称为“江南二老”。当时，他参与编纂《大清一统志》，之后又与沈德潜二人总纂《大清会典》，为清代留下了重要历史文献。钱陈群每有诗作进呈，乾隆皇帝必亲笔题诗回赠。甚至在钱陈群退休后，乾隆仍同他保持联系，时致存问，常寄自己的诗作，要钱和作。

一个有才又安分的读书人，最适合的，就是乾隆这样识才又不安分的皇帝。

乾隆十六年(1751)，钱陈群首次扈从乾隆帝南巡。乾隆二十二年(1757)，钱陈群之子、时任内阁学士、刑部侍郎、经筵讲官的钱汝诚扈从乾隆帝南巡，已经回籍食俸的钱陈群赴常州迎驾。五年后，乾隆第三次南巡，钱氏父子随驾。乾隆三十年(1765)，钱汝诚再次扈从乾隆帝第四次南巡，钱陈群在嘉兴南湖迎驾，君臣共登烟雨楼，吟诗唱和。乾隆四十五年(1780)、四十九年(1784)年又两次南巡，此时钱陈群、钱汝诚已不在人世，乾隆帝就让钱陈群的族孙，内阁学士、礼部尚书钱载迎驾。

钱陈群数次去北京为乾隆和皇太后祝寿，随同乾隆到塞外围场行猎。乾隆多次赏赐，让他参加香山九老会。甚至钱陈群退休后，依然在不断升官，尚书衔，食全俸，进太子太傅，社会地位也随之升高，被称为“江浙大老”。死后赠太傅，谥文端，祀于贤良祠。

一直到钱陈群去世五年之后，乾隆皇帝还在作《怀旧诗》，追述钱陈群的学识和人品，给予极高评价。而此时，曾与他齐名的沈德潜却因身后获罪，在前一年遭罢祠夺官了。

我们把目光转回天官坊。乾隆二十九年（1764），乾隆帝思念钱陈群心切，于是嘱谕两江总督尹继善去嘉兴代为看望。

尹继善奉谕而去。发现钱家子女较多，而房屋窄小，一家老小几代同堂，钱陈群是清官，退休后的日子也不宽裕。收到尹继善的报告，乾隆下旨，钱陈群食正一品俸禄，他的儿子钱汝诚任内阁学士、兵部侍郎、经筵讲官，好好地给官俸阶层钱家涨了薪水。

第二年，乾隆又命令钱汝诚回家省亲，让钱陈群另建府邸。在双溪边，莲花桥头的新钱府。——也就是现在的杨柳湾与南杨路之间。这座新钱府设立了“清芬堂”“藏书楼”，据说一直保留到了1980年代。

而今，新钱府已经在城市建设的浪潮中逐渐湮灭无闻，但钱家的清芬堂在梅湾街重建，这一缕清芬，依然在这座城市生生不息。

# 钱应溥：末世惟传翰墨光

## 寻踪地：城南路 125 号钱氏清芬堂纪念馆

江南钱氏，灿若星河。这个家族建立过史上最温柔的王朝，在长江、之江和太湖畔接续着绵长的文脉。

君子之泽，五世而斩。从乾隆到光绪六朝帝王，大清帝国由盛及衰；而钱陈群的第五世玄孙，却又有了一位煊赫一时的军机大臣。

他名叫钱应溥，字子密，与高祖父一样来自嘉兴。

虽然出身自钟鸣鼎食之家，但是钱应溥的开局，并不算漂亮。他出生于道光四年(1824)，那一年，大清入关刚好是三个甲子，林则徐正在总管江、浙治水事务，为嘉兴府保住了几年的收成。大清帝国开始露出了老态，不复一个世纪前的强盛，但此时依然称得上安稳。

成长在根深叶茂的大家族，钱应溥与一代代先祖一样，自幼苦读、少有才名。但他乡试不顺，几次考举人都没有中。所幸二十六岁那年峰回路转，在朝廷选拔贡生的考试中，钱应溥高中第一名，第二年又朝考一等，在吏部当上了七品小京官，入直军机处任章京，大概就是机要秘书的意思。

钱应溥写过一首《放蝶诗》，里面有几句颇有趣味：

> 文采本天生，大化任流转。
> 料尔双双飞，快逐东风便。

即使天生文采，在清末这个泥潭里载浮载沉，又有几人能乘东风便？

1859 年，曾国藩围攻安庆，并于两年后向太平天国发起总攻。在治兵的同时，曾国藩也没闲着，那几年他大力招揽幕僚，在身边集结齐了后世称为“二十五金刚”的一支精英团队。

“二十五金刚”里，名声最大的当然是李鸿章和左宗棠，但是最终走到了军机大臣位置上的，只有钱应溥一人而已。

大约是在1860年左右,钱应溥这个贡生出京城去了安庆,到了曾国藩的军帐里。

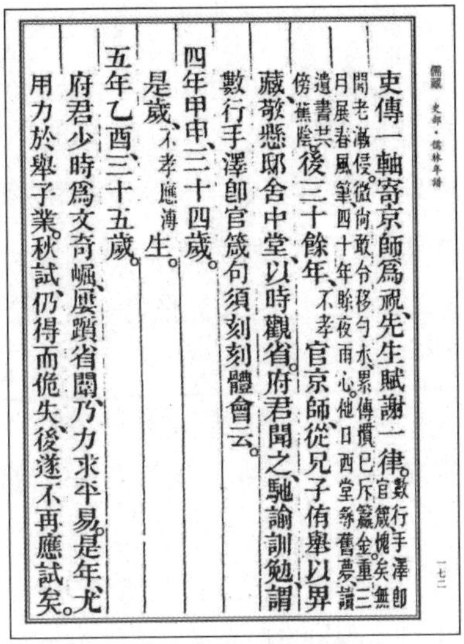

钱应溥为其父钱泰吉编撰的

《警石府君年谱》书影

儒藏 史部·儒林年譜

吏傳一軸寄京師爲祝先生賦謝一律。數行手澤郎官箴、愧矣無閒老瀚侵。微尚敢令移勺水、累傳慣已斥籯金。重三月展春風筆、四十年聆夜雨心。他日西堂尋舊夢、讀遺書共傍蕉陰。後三十餘年、不孝官京師、從兄子侑舉以畀藏、敬懸邸舍中堂、以時觀省。府君聞之、馳諭訓勉、謂數行手澤郎官箴句須刻刻體會云。

四年甲申、三十四歲。

是歲、不孝應溥生。

五年乙酉、三十五歲。

府君少時爲文奇崛、屢躓省闈、乃力求平易。是年尤用力於舉子業。秋試仍得而佹失、後遂不再應試矣。

一七二

曾国藩对自己的严苛是出了名的,他是道光十八年(1838)殿试三甲第四十二名,赐同进士出身。正正经经的金榜题名,曾文正公还时常深以为恨,认为“同进士出身”,不如一甲二甲来得荣耀。但是在用人的时候,他倒是不介意手下功名低微。《曾国藩及其幕府人物》一书中,专门指出为曾国藩工作的幕僚,可以分为六大类,其中一类是“治文书章奏者”,从曾国藩的两江总督府上呈的奏折,几乎都关乎当时国家军政要务的核心内容,故这些奏折有“大卜第一奏折”之称。这些奏折的数量惊人,据统计仅现存的就多达两千多份。拟这些奏折的主要有九人,钱应溥就是这个团队的骨干成员。

钱应溥才思敏捷,替曾国藩起草文书甚得其心,遂获重用,并随其转战各地。后来曾国藩更加倚重钱应溥,与李鸿章在上海创办江南制造总局时,所起草上奏文稿无不出自钱应溥之手。

除了写公文,安庆时期的钱应溥最为人津津乐道的事迹,就是配合曾国藩上演了一出空城计。

太平天国起义军与中原的捻军同气连枝。曾国藩围剿天京时,也常与捻军作战。1862年的一个深夜,一股捻军骤然来袭,而此时湘军营帐中只有一千多人留守。

军营中一片慌乱时,最稳得住阵脚的,是这个江南来的贡生师爷。钱应溥立刻禀报曾国藩:“现在已经半夜,力战肯定不行,突围恐怕危险重重。如果我方按兵不动,装作不知道,对方必定生疑,或许不战自退。”曾国藩于是高卧不起,钱应溥也镇静若常。守护曾国藩的卫兵见主帅若无其事,于是也都平静下来,恢复常态。捻军原本不欲久战,见湘军阵脚不乱,以为早有准备,不敢冒进,不战而退。

钱应溥一介书生,在兵营里安安稳稳呆了十多年,直到同治十一年

(1872),曾国藩病殁于两江总督任上。

壮年戎马倥偬,此时钱应溥回京继续当章京,还未到知天命之年,对于仕途来说,韶华未晚。威震沙场的笔,重新回到翰墨飘香的书斋,自然锋芒难掩。钱应溥很快当上了机要秘书的领班,因为办事干练,文章了得,深得秉政的恭亲王、醇亲王相继赏识,平步青云。数年间,钱应溥完成了清朝官员的梦寐以求的理想,以礼部左侍郎在军机大臣上行走,参与国家大计决策。不久又迁左都御史,转工部尚书。

军机大臣是无上尊荣,但也有难言之苦。清朝宫廷礼节繁缛,见皇帝必须三跪九叩。军机大臣每日都要被召见数次,早间称为"早面",晚间称为"晚面"。尤其到了万寿节等忙碌时刻,军机大臣起跪叩拜更加频繁,最多时每日竟达百余次。而军机大臣多为六七十岁的老叟,也必须如此长跪奏启,严循礼节仪式,兢兢业业,不敢稍为怠误。刚主事军机的钱应溥,业已七十多岁,由于连连跪叩,上一天班,就要病倒数日。

可能是因为从战火中归来,钱应溥比谁都知道战与和之间的区别,更清楚变与不变不同的后果,晚清的那些大事里,处处有他病骨支离的身影:

1894 年 6 月,日本出兵朝鲜,廷议主战,钱应溥造膝敷陈,多人所不敢言。中日甲午战争爆发时,钱应溥为主和派。甲午战败,国势日危,钱应溥深感非变法不能图存,倾向于变法,钱应溥主持江南制造局筹建,亲拟奏本给光绪皇帝。

如果不是 1899 年因病辞官,钱应溥很有可能会和他的至交好友、"庚子被祸五大臣"之一的徐用仪一样,落得一个悲壮的结局。离开官场后,上天垂怜,给了钱应溥三年乱世中偷得的清闲光阴,也让他留下了一部《葆真老人日记》,年轻时的纵横捭阖、激扬文字已经平息。晚年的这部日记,平淡的文字记录了同治、光绪两朝那些纷纭世事,字里行间,总有一幅图景:一个病弱的老人,举起枯瘦的手臂,拼命挽留着一个病入膏肓的王朝。

但是,夕阳终会落下。

# 许景澄:路穷星汉家何处

## 寻踪地:砖桥街四联宿舍

如果要票选一所在中国近代史上最具影响力的学校,北京大学想必当仁不让。

这是一个在中国学子的梦想中,最频繁提及的名字。从建校开始,北大始终活跃在历史的最前台,几乎不曾错过任何一个沧海横流的时刻。

这艘百年文化巨轮,第二位掌舵者许景澄,正是来自嘉兴。1899 年 7 月至 1900 年 7 月,他先后以总理衙门大臣、吏部左侍郎的身份兼任管学大臣任京师大学堂总教习。

许景澄像

虽然名字与最高学府联系在一起,但许景澄的一生,从未生活在象牙塔里。在那个黑云压城的年代,他曾春风得意马蹄疾,曾乘长风破万里浪,曾力挽狂澜于既倒,却最终血溅刑场,惨烈收场。

嘉兴才子的故事,总有一个平静的开头。道光二十五年(1845)秋天,嘉兴府南门外徐家埭(今砖桥街旁四联宿舍一带)的大户人家许家迎来了这一代唯一的男孩。后来,许家中落,许景澄在新塍镇上负笈求学,“暑夜读书,辄身披重葛,足置瓦缶,非夜午不止”。那是一段心酸而温暖的时光,每天早晨他都从卖饼的王翁那里“贳粉而食”,王翁知他清贫,时常不收他钱。许景澄发迹后赠五十金为王翁贺寿报恩,传为一时佳话。

同治七年(1868),从第二次鸦片战争中喘过气来的清廷发生了很多事情,一边是左宗棠西征,旌旗沿着古丝路挺进茫茫大漠;另一边是在退役驻华公使浦安臣率领下,中国使团首次出访,清朝外交官的足迹来到了美、英、法、普、俄等十一国。

这些事情,离那一年的二甲第五名进士、二十四岁的许景澄似乎还非常遥远。他高中后就进了翰林院,随后的十二年里,许景澄本本分分地当着一个光耀门楣的首都公务员,经常与意气相投的同事们诗词酬唱,经常为了淘旧书花光俸禄。如果再早五十年,他大概就能重复金德瑛、汪如洋等许多嘉兴进士的路,在翰林院论资排辈慢慢升迁,有机会出去放几任学政,或者当个大县或小州府的父母官,勤政爱民留下个不错的名声。

但许景澄的时代,鸦片战争已经轰开国门几十年后,甚至第二次工业革命已经席卷而至。无论大清帝国有没有反应过来,跟国际接轨的外交制度都势在必行。同治十三年(1874),大学士文祥保举三十岁的许景澄出任外交使节,而第二年总理衙门举荐九人出使外国,其中又有许景澄的名字,之后朝廷曾提议他担任驻日使臣,但都因各种原因未能成行。

开眼看世界之初,中国知识分子对国外有着许多怀疑,连带着对外交官也颇多成见。所以对出使这件事,许景澄自己也非常慎重。光绪六年(1880),他再次被征召出使日本,不过此时他正在为父亲守孝,推迟了行程,真正登上远渡重洋的轮船时,许景澄已届不惑之年。

有一年中秋,许景澄赋诗曰:“路穷星汉家何处,书滞长安雁亦稀。”在那个年代的士大夫中,后来他走的路,比谁都远,比谁都难。

光绪十年(1884),许景澄担任出使法、德、意、荷、奥五国大臣,次年又兼任驻比利时公使。母亲去世,他回家守孝近三年后,又出使俄、德、奥、荷四国,并迁升内阁学士。

都说嘉兴水土温柔,这里养育出来的士人风骨却从不因此弯折半分。许景澄是最早在谈判桌上大放异彩的中国外交家之一:作为德国公使,他经办了半支北洋舰队的舰船采购验收工作;光绪十八年(1892)沙俄违约侵占中国西部领土2万多平方公里,许景澄代表清政府据理力争,挫败了沙俄侵占帕米尔的阴谋;1894年,惨烈的甲午中日海战之后,许景澄积极邀请沙俄,联合法、德等国合力,逼迫日本退还了辽东半岛;1897年底,许景澄被清政府任命为中东铁路公司总办,他识破了沙俄阴谋,准许中东铁路工程局在哈尔滨开始大规模的城市建设,由此被奉为哈尔滨的“开城鼻祖”,至今哈尔滨仍有许公纪念碑;1899年,意大利向清朝提出“租借”“三门湾”,已抱病回乡的许景澄临危受命,严词驳回无理要求……

许景澄的学生，拒绝在《巴黎和约》上签字的北洋政府外交官陆徵祥有一句名言："弱国无公义，弱国无外交。"许景澄比谁都懂得这个道理，他教给陆徵祥的第一课，就是："不要依恋正在没落的体制，更不要去追随它，也不要指责它，而是要尽己责……为此，要学会缄默，不管遭遇怎样的侮辱和欺凌。"

但终其一生，他在紧要关头依然没有学会缄默。

1900年，慈禧决定废除光绪，独揽朝纲，但遭到各国公使反对，于是打算利用义和团攻打外国使馆，对外宣战。这时候，许景澄已是京师大学堂总教习，暂离了朝堂斗争中心的他原本大可以对此事袖手旁观。但出于多年的外交经验，他极力反对此事，上书慈禧太后说："攻杀使臣，中外皆无成案。"

这句话，让慈禧大为震怒，给他安上了"勾结洋人，莠言乱政，语多离间"的罪名。1900年6月21日，清朝向英、美、法、德、意、日、俄、西、比、荷、奥匈十一国列强同时宣战。不久，许景澄、袁昶、徐用仪等"庚子五忠"被分为两批，先后拉到了菜市口刑场问斩。据记载，行刑前，刽子手因索贿不成，便故意把刀砍在许景澄的脊椎上，颈椎断裂而气管犹存，许景澄最终历尽痛苦折磨而惨死。

许景澄身后十多年，严复出任北大校长。曾为"庚子五忠"作过一副对联：

善战不败，善败不亡，疏论廷诤，动关至计；
主忧臣辱，主辱臣死，皇天后土，式鉴精忠。

据说，事发前，许景澄做的最后一件事是将存在俄国银行里面的清廷为修建中东铁路的40万两白银取出归还国库，防止外国人赖账。给同僚的最后一句叮嘱是："各国联军行将入都，事不堪问矣，日后和约之苛不待言，君等当预筹之。"

果然，许景澄等人殉难仅一个月后，八国联军就攻陷了北京，慈禧太后携光绪帝仓皇出逃，随后就有了触目惊心的《辛丑条约》和"庚子赔款"。

年底，光绪为许景澄等五人平反，官复原职。与行刑时京城菜市口的万人唾骂形成巨大反差的是，他的灵柩南下时，"江督以下官吏，及士大夫识与不识，皆往助执绋，祭奠成市，哀挽盈途，所谓万代瞻仰，在此一举者"。

二十年纵横四海，无论多么绝望的处境，许景澄都不曾放弃以滔滔雄辩博得一线生机，而眼看大厦将倾，即使是明知必死，他也一定要说出那一句逆耳忠言。这，就是一代外交家的风骨。

# 曹云祥：水木清华满素风

## 寻踪地：浙江清华长三角研究院曹云祥校长纪念展室

作为长三角的几何中心，嘉兴受到了不少名校的青睐。在近二十年前，清华大学就超前布局，在广益路上建起了浙江清华长三角研究院总部大楼。如今，这里已经成为了嘉兴科技创新、人才培养和高新技术产业化的一个著名地标。

曹云祥像

很少有人知道的是这幢楼中有一个安静的展室——2018年4月17日，曹云祥校长纪念展室在浙江清华长三角研究院揭幕。这位嘉兴籍文化名人，终于在离乡百年之后，以这样的形式叶落归根。

曹云祥出生于1881年，在清末民初的知识分子当中，他的出身十分特殊。他的父亲曹子实是嘉兴府秀水县的一个孤儿，十一岁时流浪到上海，被美国基督教传教士蓝柏夫妇收养，自小接受的是教会教育。1859年，曹子实跟着养母去了美国，起了个英文名叫查理·马歇尔(Charley Marshall)。机缘巧合之下，他成为了一名南方军队军医的助手，在美国南北战争的枪林弹雨里出生入死了四年。据考证，曹子实很有可能是美国南北战争中唯一参战的中国人。

1869年，义务兵马歇尔变成了传教士曹子实，他回到中国，代表美国基督教监理会在苏州传教。在苏州，他办了一所小学——主日学校，这就是苏州最早的教会学校——存养书院(东吴大学的前身)。曹子实在苏州与上海教友颜永京的小妹结婚，生育二子一女，小儿子便是曹云祥。

特殊的背景让曹云祥从小就接受着相当西化的教育，顺理成章地进入了中国第一所现代高等教会学府圣约翰大学就读，毕业后赴美留学，获哈佛大学商业管理硕士学位。1914年，曹云祥学成归国，原本是要回苏州在父亲建立的东吴大学办教育的，然而此时中华民国已经成立，他的表兄，颜永京之子颜惠庆在北洋政府历任外交部次长、总长、内务总长，以及国务总理等职务，并摄行过总统职权。刚刚从闭关锁国中惊醒的中国，最缺的就是外交人才，颜惠庆对曹云祥这个拥有极好西式教育背景的表弟相当看重，力荐他加入外交事业，先是担任中国驻英国代总领事，不久又担任驻丹麦代公使、外交部参事等职务。

不过，曹云祥并没有像表兄一样，在外交官这条路上飞黄腾达。1919 年，五四运动爆发，北洋政府出于加强人才管理的考虑，将曹云祥调回国内，出任清华学校校董，次年，任命其为校长。

与建立不久就有最高学府之称的北大不同的是，清华最初有很深的外交背景，在很大程度上是一个留美预备学校，而非真正意义上的大学。曹云祥到清华的第一件事，就是报北洋政府外交部，提出清华学校改组方案，用了三年时间成立了大学部。

虽然自己是商业管理学的背景，但曹云祥听从了胡适等的建议，先办文理科，招收了清华历史上的第一批本科生 100 名。更令人意外的是，他分外重视国学，在第一批本科生开学时，他在致辞中专门提到："现在中国所谓新教育，大都抄袭欧美各国，欲谋自动，必须本中国文化精神，悉心研究。所以本校同时组织研究院，研究高深之经史哲学。其研究之法，可以利用科学方法，并参加中国考据之法，希望研究院中寻出中国之魂。"

寻中国之魂，就要先寻堪当大任之人。画家陈丹青曾有一幅以曹云祥时代的清华国学研究院为题材的作品，描绘了五位大师：赵元任、梁启超、王国维、陈寅恪、吴宓（除吴宓外的四人，时人称为"四大导师"；陈、梁、王又称"清华三巨头"）。这一批大师，无不出自曹云祥这位伯乐的诚心招揽。当时，陈寅恪在国内属于无名望、无著作、无学位的"三无学子"，但梁启超与吴宓对其极为推崇，曹云祥将陈招致麾下之后，多次旁听陈寅恪的讲课，破格特授予他为清华学校唯一的中文系与历史系的"合聘教授"。而朱自清当时年仅二十八岁，曹云祥认可其才华，也不拘一格将其聘为教授。

从 1925 年起的清华学校（1928 年后改称清华大学）不仅云集了一批当时最顶尖的国学大师，还培养了如钱锺书、季羡林、蒋天枢等影响中国现代文化史的巨匠。当人们在百年之后回望这一段清华人文史上的闪耀群星时，曹云祥的名字或许并不起眼，但绝对不应该被人遗忘。

但乱世之中，无论是国学研究院的繁荣还是曹云祥的清华生涯，都没有持续很久。曹云祥在清华六年,虽然颇有政绩,但他本人既非学术出身,又与北洋政府关系密切,一些官僚习气与改革中的乱象为学者们所诟病。比如著名的古典文学研究专家浦江清就批评道:“其主事者均外交系中人,官场与洋派兼而有之,曾不知教育为何事,学术为何事也。”

随着拥有留学背景的年轻学者大规模入职,清华形成一股“少壮派”教授势力,主张反对官僚政客控制学校,实行教授治校。曹云祥虽然赞同少壮派的一些主张,但他本身就有着很强的官僚政客背景,加上他在学校的亲信和支持者,形成了一股保守派势力。1926 年 6 月,少壮派教务长张彭春遭保守派赶走,少壮派教师与学生们因而掀起了一场“挽张去恶”运动,要求曹云祥剪除党羽。以此为开端,少壮派进而要求按照美国大学的模式改造清华,双方矛盾不可调和。年底,左支右绌的曹云祥被迫辞职。

也同样是在这一年,王国维投水,赵元任转赴南京史语所任职。随后,梁启超身体每况愈下,至 1929 年 1 月离世。四大导师去其三,陈寅恪独木难支。加上北洋政府倒台,清华人事动荡,于是在 1929 年 7 月送走最后一批毕业生后,清华国学院黯然落幕。曹云祥时代的清华,遂成绝响。

后来的“水木清华”迎来了梅贻琦,历尽风雨,又走过了很长很光辉的道路。而后来的曹云祥并没有回到官场,而是热心科学教育事业,担任国际科学管理协会中国分会的总干事,被誉为“中国的泰罗”,直到 1937 年 2 月在上海猝然病逝。

# 第三辑

# 碧血丹心

# 沈钧儒：不负苍茫万里行

## 寻踪地：环城南路545号（原南帮岸3号）沈钧儒纪念馆

光绪三十年（1904）五月二十五日，甲辰科大传胪典礼在太和殿举行。金榜唱名到二甲七十五名进士——沈钧儒，嘉兴秀水县人氏。

这是1200余年中国科举史的谢幕，也是这位“中国的大老”第一次登场。29岁的沈钧儒进京赶考，一举成为了江南大姓沈家的第21位进士，登科之后即签分刑部贵州司主事。

沈钧儒

这是日俄战争爆发，华兴会、光复会相继成立的1904年，在清王朝风雨飘摇的最后时光，末代进士们注定不会，也不应该在古老而庞大的官僚系统中，体面而无用地消磨掉青春与才华。1905年初，沈钧儒主动申请赴日留学，随后两年间，70余名甲辰科进士先后负笈东游，大部分都进入了法政大学速成科，许多人由此成为了立宪派人士。两三年后回国，正逢立宪运动风生水起，他们纷纷进入了各省咨议局和资政院，沈钧儒当选为浙江省咨议局副议长。

这一次回乡，是远行的开始。从1907年领衔上书清廷，请愿速设民选议院，引发全国性的国会请愿运动，到1963年在中国人民政治协商会议副主席任上去世，沈钧儒“一生从事宪政运动”，走过的路比同时代的人都要更远更长。

沈钧儒曾说：“民国以前的宪政运动，可说是由我开头的。”1907年9月，沈钧儒与熊范舆、雷光宇、恒钧四人领衔，百余人联署，回到国内到都察院呈递《民选议院请愿书》，奏请朝廷速设民选议院。回国后，他与阮性存、褚辅成、陈敬第等发起组织立宪国民社，以推动浙江省的立宪运动。此后沈钧儒参加了江苏省咨议局发起的国会请愿代表谈话会。从 1908—1910 年，各省咨议局三次进京请愿速开国会，声势一浪比一浪高，而结局一次比一次萧瑟，直到清政府在故步自封中土崩瓦解。

曾赐予末代进士们“荣耀”的朝廷没了，许多人就此渐渐散发出了遗老气味。不再是青年的沈钧儒却更加精神焕发，活跃在联省自治运动中第一线：辛亥革命枪声打响时，沈钧儒亲至浙江咨议局降下龙旗，升起白旗；1918 年，广州国会递补沈钧儒为正式议员，到广州参加参议院活动及参加制宪；1922 年赴京出任国会参议院秘书长，并当选为国会宪法起草委员会委员；1927 年秋任上海法科大学（后改名上海法学院）教务长，坚持民主办学，主张学术自由和自由结社；此后并以律师资格执业，以敢于主持正义、不畏强豪而称誉于律师界。

在抗日救亡的时代洪流中，花甲之年的沈钧儒依然奔走呼号，须臾未停。陶行知从报上看到他在上海领导民众运动的英姿，感佩之余写下《留别沈钧儒先生》，诗曰：

老头，老头！他是中国的大老，他是少年的领头。老头常与少年游，老头没有少年愁。虽是老头，不算老头。

老头，老头！他是中国的大老，他是同胞的领头。他为了中国得救，他忘了自己的头。唯一念头，大众出头。

老头，老头！他是中国的大老；他是战士的领头。冒着敌人的炮火，要报四十年的冤仇。拼命争取，民族自由。

老头，老头！他是中国的大老；他是大众的领头。他为老百姓努力，劳苦功高像老牛。谁害老头，大众报仇。

这个须发斑白的老头，1933 年参加了中国民权保障同盟；1935 年领导成立了上海文化界救国会，数月后加入全国各界救国联合会。1936 年 11 月 23 日凌晨，国民党当局屈服于日本的压力，悍然逮捕了救国会的领袖沈钧儒、章乃器、邹韬奋、李公朴、王造时，史良、沙千里等七人，七七事变爆发后，在全国人民的压力下，南京国民政府宣布具保释放沈钧儒等七人。——这就是震惊中外的“七君子”事件。

八个月零八天的牢狱之灾没有摧折沈钧儒的斗志。他曾说过：“从民元前我就参加了宪政运动，宪政一天不完成，我就还是宪政运动的积极分子。”古稀之年，他依然围绕着坚持持久抗战，坚持国内团结，反对妥协投降；坚持民主，争取人民的民主自由权，反对独裁；要求早日实施民主宪政等问题与国民党政府进行斗争。1947 年，当民盟被迫解散后，他化装秘密出走香港，主持召开民盟一届三中全会，领导了重建民主同盟的光荣斗争。在香港，他响应中国共产党的“五一号召”，第一批北上参与筹建新中国。

中华人民共和国成立后，沈钧儒担任第一任最高人民法院院长和国际民主法律工作者协会副主席，他与中共一起共同主持了新中国法制建设的初创工作。1954 年，在第一届全国人民代表大会上，中华人民共和国的第一部宪法诞生，他激动地说道：“我一生搞宪政运动，花了多少心血，今天才有了一部人民的宪法。”

“此行得见天山雪，不负苍茫万里行。”这是沈钧儒晚年率中央西北各民族访问团赴少数民族地区慰问时挥毫写下的诗句。从 1904 年进京赶考算起，沈钧儒一生追寻宪政民主，奔走呼号，行程何止万里，无愧于“民主人士左派的旗帜”“爱国知识分子的光辉榜样”之盛誉。

# 褚辅成：力障洪流真砥柱

## 寻踪地：梅湾街西区褚辅成史料陈列室

从沈钧儒纪念馆向西南过一个路口，不到500米外就是梅湾街西区的褚辅成故居，2006年落成开放为褚辅成史料陈列室。从清末到民国，沈钧儒和褚辅成这对同乡好友的名字，也总是紧紧连在一起。

褚辅成像

褚辅成同治十二年（1873）生人，21岁入秀水县学为秀才。但在旧式科举这条路上，他并没有走得很远。1904年，当沈钧儒金榜题名之时，褚辅成已经率先东渡求学。而当留日的末代进士们开始接受宪政思想的启蒙时，褚辅成已是同盟会的首批会员，并于1905年底回乡开展活动。

在晚清的风云动荡中，表面相对平和的江南，也在默默蓄积着革命的火种。褚辅成就是那个传递火种的人。从上海五马路口的天保客栈到南湖畔的放鹤洲、南湖学堂，他与秋瑾、敖嘉熊、陶成章多次聚商革命策略；1911年9月，他在杭州参加了光复会，团结光复、同盟两会人士合力对敌；武昌起义后，他与陈其美、吕公望等筹划浙江起义，光复杭州，建立共和政制，并于浙江军政府成立后出任政事部长（次年改订官制，改为民政司长）。

改朝换代之后，革命家总是满怀热情地变身建设者。褚辅成在浙江厉行禁烟，给杭州城拆除旗营城墙、开筑马路、兴建湖滨六公园。却不料大好河山依旧洪水横流。随后数十年，褚辅成从意气风发到年逾古稀，屡战屡败、屡败屡战：民国元年（1912），他因领衔弹劾袁世凯一度下狱；民国七年（1918），护法运动失败，他以众议院副议长的身份随孙中山黯然下野；民国十年（1921），沈钧儒、褚辅成、计宗型等因揭露嘉兴县知事汪莹在选举中舞弊遭警备队袭击;民国十二年(1923),为反对直系军阀,褚辅成率众离京,准备到上海召开国会,因人数不足失利;民国十五年(1926),褚辅成与蔡元培、许世英等在上海成立苏浙皖三省联合会,宣布脱离孙传芳独立,很快大军压境,浙江自治旋即失败;民国十六年(1927 年)"四一二"反革命政变后,蒋介石在浙江进行清党,以"真左派"罪名逮捕褚辅成、沈钧儒,并欲枪决二人,幸获蔡元培等全力营救得免。

褚辅成曾说:"生平不愿做大官,但要做大事。"在民国连绵不断的历史乱流里,他从未离开过漩涡中心。一个人,就是一部 20 世纪前半叶的中国革命史。这其中最为人津津乐道的一件大事,当属褚辅成庇护"韩国国父"金九避难嘉兴的故事。

1932 年 4 月 29 日,日本在上海虹口公园举行庆祝"天长节"及"祝捷"大会。时任大韩民国临时政府财务部长兼民团长的金九策划和指挥了虹口公园爆炸事件,志士尹奉吉当场炸死侵华日军司令官白川义则大将,日本驻华公使重光葵等被炸伤。这一事件震惊中外,有力地打击了日军的嚣张气焰,大大鼓舞了中韩人民的抗日斗志。

事发后,金九被日军悬赏 60 万大洋通缉。褚辅成不顾个人安危,秘密掩护金九前往嘉兴避难,先安置其在西南湖畔的秀纶丝厂,不久迁居到褚家寄子陈桐生家,即附近的梅湾街 76 号。大韩民国临时政府部分要员及家属也相继来到嘉兴,居住在附近的南门日晖桥 17 号。金九在此避难两年,以后又往返于嘉兴、杭州、南京等地,大韩民国第十二届临时政府就诞生于南湖游船之上,直到 1936 年 2 月,金九方离开嘉兴。如今,褚辅成史料陈列室附近的金九避难处、嘉兴大韩民国临时政府要员住处等地,已成为韩国游客前来嘉兴旅游的必至之处。

掩护金九,源自褚辅成坚定的抗日救国信念。淞沪抗战爆发后,褚辅成在上海发动组织上海各界救国会,支援东北抗日义勇军坚持斗争,曾帮助东北抗联领导人李延禄进行抗日活动。抗日战争全面爆发后,褚辅成离开上海到浙江永康,只身走遍浙东各地,宣传、组织民众抗日。抗战胜利前夕,国共合作濒于破裂。褚辅成再次仗义执言,坚定地站在了人民一边。1945 年 1 月,褚辅成与黄炎培等六十余人联名发表《时局献言》,呼吁各党派合作,挽救危局。7 月,褚辅成、黄炎培、章伯钧等六人由中共中央代表王若飞陪同,自重庆到延安，与毛泽东、周恩来等举行了会谈，形成《延安会谈纪要》，倡议召开政治会议解决时局问题。9 月初，褚辅成与许德珩等发起建立以科技学术界高级人士为主体的民主党派——九三学社，后于成立大会上当选三人主席团首席成员，又被选为首席常务理事。

1948 年 3 月 29 日，褚辅成因病在上海去世；同年 5 月 16 日，归葬于嘉兴南门外祖茔。匆匆一生，波澜壮阔，褚辅成先生来不及看到九三学社在中国共产党领导下参与协商建国，但家乡和人民从未忘记他。褚辅成身后，杭州的仁和路曾改名辅成街，嘉兴环城路曾改名辅成路。他在嘉兴创办南湖学堂、开明女学，又创办上海法科大学，致力启迪民智。而今嘉兴仍有辅成小学，琅琅书声，精神不息。

# 敖嘉熊:丹心一片万众歌

## 寻踪地:人民公园辛亥革命烈士纪念塔

但凡是嘉兴人,谁没有去过老火车站对门的人民公园呢?春光明媚或者秋高气爽的时候,中小学生排着长队春秋游,进了园门的第一件事,就是端端正正站到一面浮雕墙前,恭恭敬敬地向一座四五层楼高的八角形水泥塔行礼。

这座塔,为纪念嘉兴参加辛亥革命的敖嘉熊、龚宝铨、王维忱(王嘉榘)、唐纪勋、陈仲权(陈以义)、姚麟、徐小波(徐象黼)等七位先烈而建。七烈士中,除姚麟为宁波嵊州人、徐小波为温州瑞安人外,余皆为嘉兴人;其中敖嘉熊、唐纪勋、陈仲权三人出生或主要成长地都在现在的南湖区。

七烈士中,资历最深影响最大者,当属敖嘉熊。

敖这个姓,在嘉兴不算多见,一说敖家先祖本是镇守乍浦的蒙古族旗人。到了清末,敖家在南汇镇和市区柴场湾(今解放路一带)经营腌腊铺子,已与寻常人家无异。敖嘉熊20岁就中了秀才,在秀水县衙谋了个钱谷师爷的差事。

这是一个典型的江南秀才的人生轨迹,在闹市有个小小的产业,在衙门里有个小小的脸面,在安静的小城里就可以过上令大部分人艳羡的小康生活。然而小知识分子敖嘉熊的理想,却在书窗外那个无限广阔的天地之中。

在山雨欲来的19世纪末,敖嘉熊只当了一年钱谷师爷,就主动砸掉了"铁饭碗"。当时正逢戊戌变法,读书人有了更多"开眼看世界"的机会,敖嘉熊抛下四书五经,刻意研究经世致用之学,在其周围,也渐渐聚集起了一批心怀家国的进步知识分子。敖嘉熊在杭州参与倡立时事研究会,名曰"浙会",后改"浙学会",这个学会的创建者名单里,还有当时在杭州求是书院(浙大前身)读书的王维忱、蒋百里等十余人。

在封建王朝走向倾覆的时候,结社谋求救国是江南士人的一种传统。过去,他们通过科举登上历史舞台,而到了清末,要找到力挽狂澜的希望,大多数人选择远离满目疮痍的中国,漂洋过海。"浙学会"的元老后来几乎都东渡留学,只有略为年长的敖嘉熊留在了家乡,试图在古老的耕读文化中寻找一线曙光。他与唐纪勋、祝廷锡等创办了"学稼公社"及嘉兴最早的新式学校——竹林启蒙书塾,使得"远近开新之士皆使其子弟来学"。1903 年,敖嘉熊去上海,加入了蔡元培、章太炎发起的中国教育会和爱国学社,投身革命活动。

来自时代的最前沿的鼓与呼,在家乡的陋儒听来,可能只觉得荒诞可笑。在当时的嘉兴,敖嘉熊被称为"敖笃头"(疯子之意),因为他总是大白天提着灯,在府城大街小巷走过,一路走,一路唱着山歌:

唱山歌,哭中华,哭我中华苦难多;列强瓜分割土地,外人横行无奈何。

唱山歌,忆中华,中华江山美如画;千年文明放异彩,豪杰义士人才多。

唱山歌,颂中华,中华浩气贯长河;扬州碧血传千古,丹心一片万众歌。

唱山歌,编山歌,愈唱愈编泪涕多;四亿同胞觉醒时,含泪再唱新山歌。

陶成章称敖嘉熊为"浙江革命原动力第一人",这份动力,就系在这盏灯上。一道微光,求的是为四万万人照亮前路;一首吴语山歌,受尽讥笑,却也在有识之士心中埋下了革命的火种。从上海回来,敖嘉熊先是在嘉兴创立竞争体育会,宣传禁烟禁赌,传播革命思想。1904 年,他又建立了"温台处会馆",名义上是服务温州、台州、处州(今丽水)三府迁居嘉兴府境内的"客民",实际上是为谋求掌握地方兵权、财权,并便于江浙沪等地革命同志联络,伺机发动革命。这处会馆是浙江革命最初的发源地和联络中心,秋瑾曾两次前来,与褚辅成、敖嘉熊等密谋武装起义。为了更大程度地动员革命力量,他甚至借用宗教名义,以传"黄帝教"之名尝试组织民众革命。

一盏灯,不过方寸之光,要在暗无天日的时代点亮,却总要付出生命的代价。1907 年夏,安庆起义失败,徐锡麟、秋瑾先后慷慨就义。此后,浙江革命转入低潮。

敖嘉熊鼓吹革命多年,是早已在清政府的危险分子名单里挂了号的人物,当地官僚对其恨之入骨,只是一方面未抓住过硬把柄,另一方面敖又有好友、武术名家徐小波贴身护卫,不便下手。光绪三十四年二月初九(1908 年 3 月

11 日），敖嘉熊偶然独自外出，疑遭暗算，一去不归。

敖嘉熊之死，留下了重重谜团，也留下了一段被唱入弹词的大义传奇。敖嘉熊失踪后七日，依然多方寻找未果，徐小波椎胸裂眦，悔痛不已，在敖家服毒自尽，说是要效仿曹娥投江寻父的故事，到地下去把敖先生找回来。徐小波自杀次日，敖嘉熊遗体在嘉兴城东乌桥港被发现。

徐父闻讯从温州老家赶到嘉兴接儿子灵柩回家落葬，他坚决谢绝了敖家奉送的 200 块银元，说道："我儿子受敖先生的优待，而未能尽到保护责任，何敢受此厚礼？"

敖嘉熊墓旧址纪念碑

1911 年，嘉兴光复后，敖嘉熊的遗体被迁葬于杭州栖霞岭。当日为运送烈士遗骸，沪杭铁路全线停运。

1925 年，由褚辅成等多位乡贤牵头，嘉兴为敖嘉熊、徐小波等辛亥革命先烈举行公祭活动。1933 年，褚辅成、陆初觉等人发起建造嘉兴七烈士革命纪念塔。当年建造的位置，在嘉禾第一桥西桥堍，也就是今天南湖饭店的位置。此塔 1979 年被拆，1986 年，嘉兴市人民政府按原样在人民公园南门口重建辛亥革命嘉兴七烈士纪念塔，塔名由当时的民革中央主席屈武题写。

为纪念辛亥革命 100 周年，2009 年，纪念塔旁建了辛亥革命嘉兴七烈士纪念浮雕墙。敖嘉熊立于群雕中心，指点江山、意气风发，身旁紧紧跟随着面目英武的徐小波，一身短打，寸步不离。

# 唐纪勋:竹林深处子规啼

## 寻踪地:新丰镇竹林村村史馆、学稼公社

辛亥革命七烈士中,无论是敖嘉熊、徐小波这样的会党骨干,还是龚宝铨、王维忱、陈仲权、姚麟这样的留日知识分子,大多萍踪浪迹,四处奔走鼓吹革命。而一生扎根家乡,矢志从最基层启迪民智者,唯唐纪勋一人而已。

唐纪勋像

唐纪勋之父唐翰题曾是曾国藩幕僚,工于诗画,又曾担任淮安府同知,赏戴花翎,钦加三品官衔。在其故乡嘉兴新丰,竹林唐家无疑是名门望族。敖嘉熊等年轻的革命党人登上历史舞台时,出生于1856年的唐纪勋已经年届不惑,在当时早已过了挥斥方遒的岁数。

然而那是中日甲午战争之后,是戊戌变法失败之后,即使是在嘉兴乡下的竹林里,读书人也不可避免地要见证时代的风云激荡。目睹民族危机,前半生循规蹈矩的嘉兴县候选训导、大乡绅唐纪勋向着“新学”迈出了第一步,与同乡吴廷墀等创立了“守约学会”。

“守约”,守的是学会公约,唐纪勋撰写的公约中,提出“今者积文成弱,不能不取强国之善法以药之,旧学为体,新学为用,无可偏废也”,这个主旨大致上还没有跳出洋务运动的窠臼,学会日常购书报供乡里子弟学习,并在一起研讨时事,并提出了资助同乡青年出洋留学,以期学成报国。在思潮纷涌的晚清,这是一次发生在江南农村最基层的“启蒙运动”,竹林深处传来的这一阵琅琅书声,松散、弱小,而满怀希望。

作为一个传统的知识分子,唐纪勋深知“耕读传家”四个字的分量。与后来著名的晏阳初乡村建设实验相比,唐纪勋与敖嘉熊、祝廷锡等人从学稼公社到竹林启蒙书塾的探索,几乎就是一次简化微缩版的演习。

1899年创建的学稼公社位于竹林宿圩徐家桥南塊西首,有平屋两进,良田

百亩。唐纪勋等创建此处,意在改变“农不知学,积疲成困”的现状,因而提出“应以讲求种稻为第一义务,期增多收粮”。这可能是有鱼米之乡美誉的嘉兴城郊第一次迎来规模化的科学种田实验。学稼公社吸取了江苏吴县潘氏丰裕庄经验,改良稻种,并采用轮作,使得“吐穗倍长,着粒肥密,常有二百余粒至三百粒,其获可倍”。新丰竹林一带是传统的养蚕区,学稼公社也尝试改进蚕桑养殖,此外公社里还经营着少量苗木与畜牧业。甚至在茅盾的《春蚕》问世之前近三十年,学稼公社已经开始了机器耕作的探索。

在积淀千年的传统思维与席卷千里的社会动荡面前,几个乡绅、百亩田园的坚持不堪一击。与空想社会主义者欧文的新拉纳克工厂一样,学稼公社这个小小的乌托邦仅仅存在了三年。在创业之初,唐纪勋等设计了理想化的管理方案:公社盈亏照股均摊;春、秋两季各集会一次,公核收成丰歉,商讨有关事宜;公推社友一人为总理,另请一名忠勤耐劳者督理。然而精耕细作就意味着用工量成倍增长,对雇工(当地农民)的要求水涨船高,农民不乐意来工作,这就使得公社对其进行救济与教化的目标几乎落空。再加上人事变迁,学稼公社勉力支撑三年即告解散。

比起新式农业经营的昙花一现,唐纪勋等在新式教育上的探索明显走得更远。1900 年,竹林启蒙书塾在竹林庙侧之竹溪堂开张。这是一个由乡绅捐资兴办的义塾,有着传统农耕文化所特有的经营方式:创办者花 400 元——敖嘉熊 100 元,祝廷锡 100 元(后又追加 20 元),隐名氏汲古书屋 30 元。该田总价 400 元,余缺数 150 元由唐氏捐助——买下 52 亩良田,以每年佃租 28 石 8 斗稻米为办学资金。

然而这个乡间书塾,教学方式与内容早已超出了传统。它被称为嘉兴府民间创办的最早的新式小学。唐纪勋在《启蒙书塾章程》中明确:“《千字文》《百家姓》文义艰深,无关实用,概不令读。易以《天文歌诀》《地舆歌》《史鉴节略》等书,每日某时读书,某时习字及温习讲解,另定功课表。塾生学有余力,兼习英文、算学,倘资质不逮,不学亦可。西人体操与古人习射,事异义同,不特舒筋强身,而内部舒,外容直,亦是检束身心一法,每日傍晚练习之。”

竹林中传来的读书声,不再只是四书五经。据《新丰镇志》,竹林启蒙书塾除了请严本善为固定教员外,革命党人敖嘉熊在迁居竹林期间,经常给学生讲述先烈故事,民国元老张岳军(即张群)也曾执教于此。在竹林启蒙书塾(后称竹林小学校)的影响下,“一时闻风兴起,梅里(王店)、余贤(余新)、竹里(新篁)、平林(新丰)相继仿办”,嘉兴民间的新式教育由此蔚为大观。

民国二十六年(1937),《民国日报》元旦特刊中曾提到唐纪勋功绩:“……既而又捐资共创竹林小学,是为吾禾革命种子之发祥地……然则诸先烈,流无数之血,虽谓皆唐先生之心血也可。”在清末,扎根乡土埋下革命种子,其艰险与悲壮,有如杜鹃啼血,并不比拿刀动枪来得容易。1906 年,唐纪勋应秀水学堂之聘,教授农学,未及一年便及耗尽心血,溘然长逝。

终其一生,唐纪勋未曾揭竿而起,也未曾舞刀弄枪,但正如嘉兴文史研究馆馆员、嘉兴市社科院文化研究所副所长崔泉森所说,他在嘉兴最早传播西方的思想文化,影响了一批人,奠定了辛亥革命的思想基础。因而无愧于“辛亥烈士”之名。

2019 年,学稼公社初创整整 120 年后,唐纪勋的家乡,如今已经成了为国家森林乡村、省级文明村的新丰镇竹林村重建学稼公社,并将其定位为传播农业科技,提升农民素质的大课堂。竹林深处,农机轰鸣,书声琅琅,如此景象,当可告慰先贤。

# 陈仲权：桃花林下革命坟

寻踪地：人民公园辛亥革命烈士纪念塔、南湖渡口

嘉兴南湖往南靠近海盐塘，现在的会景桥到新南湖渡口一带，过去有个小小的集镇叫南堰，再往上数，这个地方叫做白苎村。根据民国时嘉兴名士陶元镛的《鸳鸯湖小志》，烈士陈仲权（名以义，字仲权）墓就在此地的东南湖滨天字圩——“墓上植桃多树，船家呼为革命坟”。

陈仲权像

陈仲权1880年出生于嘉兴、平湖、海盐交界处的小镇新篁（今属凤桥镇），传说其“幼有大志”，十几岁便中了秀才。但这一代读书人的志向，注定与大时代分解不开，与沈钧儒、褚辅成等人一样，戊戌之后，陈仲权无意功名，去了教育方式相对较新的海宁硖石双山讲舍，研究经世之学。

陈仲权1904年东渡日本，求学于早稻田大学。这个时间与地点，正与同乡褚辅成重合。毫不意外地，他们在日本并肩探索救亡之路，并由此结识了孙中山、黄兴、宋教仁等一批未来在中国革命史上举足轻重的人物。1905年8月20日，中国同盟会在东京成立，两年内，留日学生入会者达960余人，而《嘉兴市志》记载的本籍（今南湖、秀洲二区）留日学生共计18人，就有16人在这一期间加入了同盟会。其中陈仲权与褚辅成等都是首批嘉兴籍会员，陈更是一度出任嘉属同乡会会长。

第一代同盟会员中，许多人有着相似的人生轨迹，他们在海外擎起革命大旗，学成回乡后，往往以办学传播革命火种。陈仲权与乍浦同乡邹宏宾也不例外，二人同返浙江办学，致力于启发民智、文化宣传。但不同于邹宏宾后来一生献身教育，陈仲权很早便投笔从戎。在1907年徐锡麟安庆起义前夕，他就

参与了谋划工作。辛亥革命时,他担任沪嘉杭一线联络员,并负责密运军械弹药,于杭州起义前二日,分送到敢死队手中,在光复杭州之役中起了很大作用。

1911 年 11 月,浙江光复,嘉兴成立军政分府。陈仲权等年轻的革命党人满怀豪情锐意北伐,参加了苏浙联军攻克南京之役。然而高歌猛进了没几天,革命势力就在内外胁迫下作出让步,接受了南北议和,陈仲权回到了嘉兴。1912 年,同盟会初步改组,始称国民党,陈任嘉禾分部长,军政分府军法课长、参事等职。在此期间,他与褚辅成、计宗型等主持接待了孙中山先生嘉兴之行。当日孙中山在春波桥兰溪公馆庙台前演讲阐释三民主义,嘉兴各界代表和闻讯赶来的群众逾千人,许多青年学生爬上院中香炉一睹中山先生风采。这一场一个小时的演讲成了许多嘉兴进步青年的启蒙,深深地影响了本地革命形势的发展。

自从加入同盟会后,陈仲权一直是孙中山先生的忠实追随者。1913 年,宋教仁遇刺,陈仲权毫不犹豫地投入武装讨袁活动。"二次革命"中,陈仲权不仅参与了军火运输,还在上海讨袁军总司令陈其美麾下,参加了最为激烈的江南制造局之战。8 月,"二次革命"失败,陈仲权等讨袁骨干遭到通缉,他化名张桐追随孙中山、陈其美等东渡日本,加入中华革命党,后潜回上海,试图掀起"三次革命"。

清末民初的革命党人,每一步都历尽艰险。陈仲权投身革命十余年,屡上战场出生入死,最后竟与敖嘉熊一样,倒在黑手暗算之下。1915 年 11 月,袁世凯指使驻南京的冯国璋收买张宗昌,张遂派人到上海找到陈仲权,声称有机密协商,在谈话中,陈仲权被来人下毒致死。1916 年 10 月,陈仲权灵柩自沪运抵嘉兴,由褚辅成发起,在城中天后宫举行追悼会。

在日本侵华战争的浩劫中,陈仲权出生的新篁小镇曾付之一炬,当年桃花林下的革命坟、褚辅成题写的墓碑也湮灭无存。所幸在当时革命文化团体南社所刊印的纪念资料中,人们仍能看到陈仲权的影像,辛亥革命烈士纪念墙上的浮雕形象,也再现了他当年书生意气、挥斥方遒的风采。

# 陆初觉：薄寒初觉到征衣

## 寻踪地：建国路东、广益路普明寺桥

在嘉兴传统的市中心区域，南北向的主动脉首推建国路，放眼望去，这条3公里长的大马路两边和所有城市的CBD一样，高楼林立，繁华喧嚣。30岁以上的嘉兴人里面，不少人知道，现在建国路东侧的商场高楼地基下，曾有一条小河和一条老街。

在20世纪末的旧城改造中，那条被填平的河，名叫北门市河，那条被拆除的街，就是古称下塘街的人民路——而一些80岁以上的老人还有印象，曾有一个短暂的历史时期，下塘街的名字是初觉路。

初觉路，纪念的是陆初觉（即陆志棠，字松生，号初觉）——辛亥革命时的反清志士、"二次革命"中的讨袁先锋、抗战时期名震浙江的"天目老佛"。

这是一段绵延近半个世纪的革命传奇。

嘉兴府城下塘街的陆家是唐朝名相陆贽后裔，诗礼传家一千多年，而1890年出生的陆初觉算是家族的一个异类，十几岁就抛下了四书五经东渡日本，学的也不是当时最受国人青睐的法政或机械，而是入陆军士官学校学习军事。不过，那一代心怀救亡理想的留学生，多半殊途同归。

1910年，继同乡褚辅成、陈仲权之后，年轻的陆初觉也遇见了孙中山，加入了同盟会。"海风吹断瘴云低，薄寒初觉到征衣"，在1911年那个寒气袭人的深秋，陆初觉意气风发，披上征衣。辛亥革命中，徐绍祯、陈其美等组织苏浙联军攻打南京。陆初觉参加了最为激烈的天堡城之战，成为攻克南京的功臣。

辛亥革命后，南北议和，陆初觉依然坚定地站在了孙中山一边。1913年4月，"二次革命"爆发，他率嘉兴义务商团团员赶赴上海，参加陈其美领导的讨袁军。在上海制造局西栅门的激战之后，讨袁宣告失败。陆初觉遂与陈仲权等一起亡命日本。当时一起去日本的人里，还有陕军名将胡景翼。

在日本，这批经过革命洗礼的青年重走了十年前的路，他们再次在孙中山周围集结，建立了中华革命党。当时，黄兴、李烈钧等在东京郊外的大森创办了一所浩然庐军事学校,陆初觉与蒋光鼐、张廷辅等上百人就在此研究政治经济。

1915 年,陈仲权在上海遭暗杀。在敌人枪口前,江浙的革命志士并未退缩。1916 年 1 月,蔡锷在云南发动讨袁,江浙群起响应。4 月,吴江宣告独立,陆初觉出售祖遗典当,倾资助饷,并亲率部众前往参战。当年 6 月,袁世凯去世,护国运动结束。作为嘉兴革命党人中少有的军事专业人才,陆初觉先是去广东任石井兵工厂军需长,后应胡景翼邀请又北上陕西、河南任职。1925 年,胡在河南病故,陆初觉离乡十年后重返嘉兴,先后任国民党嘉兴县党部执行委员、商民部部长等职。“四一二”反革命政变后,他一度被捕入狱,半年后经钱大钧等营救被保释。

在革命大潮的风口浪尖站了 20 年之后,中年陆初觉选择大隐于市。从 1928 年到 1937 年,他安安静静地在嘉兴做一个乡绅,不声不响办了好几件大事。金九避难嘉兴期间,他庇护过朝鲜反日志士;老嘉兴北门洋关的商业图书馆,由他牵头筹办;1933 年,为纪念嘉兴参加辛亥革命的七位先烈,陆初觉与褚辅成共同发起,在嘉禾第一桥西桥堍建造了嘉兴七烈士革命纪念塔(1986 年迁建至现人民公园);1937 年七七事变前夕,日本特务曾来嘉兴策反当地名流,陆初觉不仅严词拒绝,还将特务擒获交政府法办。

陆初觉像

丹心依旧,热血难凉。1937 年全面抗战爆发。退隐多年的陆初觉重新出山,任嘉兴抗敌后援会常务委员、主任,积极支持地方抗日。嘉兴沦陷后,陆初觉退守浙东、浙南后方,与沈钧儒、褚辅成等联系密切,积极组织抗日力量,支持推动沦陷区抗日游击斗争。

嘉兴沦陷后,杭嘉湖沦陷区师生辗转西迁,流离失所。陆初觉热心救助失学青年。1942 年 1 月,嘉属七县(嘉兴、嘉善、海盐、海宁、平湖、桐乡、崇德)联立临时中学(俗称海北中学)在昌西颊口(今杭州市临安区清凉峰镇颊口村)成立,陆初觉与丰子恺、张印通等为常务理事。此时的陆初觉已过知天命之年,他古道热肠,对沦陷区难民关怀备至,因而在浙西天目山麓有“天目老佛”之称。随着抗日战争进入全面反攻阶段,1944 年 10 月,嘉兴战后复兴建设设计计划委员会在天目山成立,陆初觉任副主任委员,满怀期待战后回乡建设。

然而陆初觉还是没有走到重返故园的那一天。就在抗战胜利前夕的 1945 年 6 月 8 日,陆初觉积劳成疾,病逝于求医途中。8 月以后,灵柩方运回嘉兴。次年春,嘉兴各界人士在中山纪念厅举行追悼大会,为其造墓于南湖侧普明寺边。其故居所在的下塘街,也更名为初觉路,以志纪念。

陆初觉在辛亥革命中一马当先,在二次革命中身先士卒,在全民抗战中坚如磐石,一生作为,不负其名。虽然其出生地下塘街与魂归之处普明寺都已在时代变迁中湮没无存,但陆初觉之风范,依然影响和启迪着后来人。

# 计宗型:令公桃李满天下

## 寻踪地:嘉兴市第一中学

嘉兴籍中科院院士、水利专家汪胡桢回忆学习生涯时,曾提起一件趣事。他在嘉兴府中学堂(现嘉兴市第一中学)读书时,教室前的走廊上有一矮栏,课间一群学生总喜欢按着栏杆跳马,颇为危险。某日不巧被素来以耿直严厉著称的校长抓了现行,学生乖乖等罚,不料校长面露笑容说:"你们这次跳出去的可跳进来,跳进来的可跳出去,惟以后不准再跳。"其他老师在旁笑道:"一之为甚,可再乎?"校长莞尔答道:"这叫'矫枉必过其正'。"

**嘉兴市第一中学俯瞰**

寥寥数笔,一个思想开明、治校有方而又不乏幽默感的校长形象跃然纸上。这位被学生评价为"装虎像虎、装羊像羊"的校长,便是曾执掌嘉兴府中学堂13年,并曾任浙江省教育厅厅长的计宗型(字仰先)先生。而计宗型这个名字,在辛亥革命史和浙江教育史上都留下了深深的印记。

计宗型当校长,与淘气学生有这样好玩的趣事,而他自己早年,也不是什么循规蹈矩的模范学生。他1883年出生于嘉兴东郊新丰镇一个中等水平的地主家庭,幼年就读于平林(即新丰)义塾(现新丰镇中心小学)后以第一名入县学。那时已经是清末,按部就班考乡试的前景看起来已经没那么光明。光绪二十三年(1897),浙江省始改军制,办起了浙江武备学堂,计宗型作为一个小秀才,转而入读军事学校,也算是弃文从武。武备学堂处处充满官僚气息,规矩极大,计宗型不愿受约束,揭竿而起反对学校不合理的管理制度,旋即被开除。

天无绝人之路,计宗型卷铺盖回家不久,迎来了一个意想不到的转机。1902年11月,上海南洋公学五班学生因将一清洗干净的墨水瓶放在守旧教习郭镇瀛的座椅上,被学校开除,部分学生也因此愤而退学。为了帮助这些学生继续接受教育,中国教育会决定建立爱国学社,学校由蔡元培主持。计宗型赴沪读书,在这所以灌输民主主义思想为己任的学校,他迅速成长。

上海爱国学社一度"隐然成为东南各省学界之革命大本营",但在清政府的压迫下,学社只坚持了短短半年便宣告解散。此时,20岁的计宗型和那时的众多嘉兴知识分子一样,选择了东渡求学。在日本东京物理学校半工半读期间,他又与众多同乡一样,加入了中国同盟会。1910年回国后,计宗型选择的也是常见的教育救国路线,就职于嘉兴府中学堂。

叛逆学生回来当了先生,带进课堂的肯定不止是课本。计宗型留学修的是物理,回国就亲自编译日语物理教材、讲义。据汪胡桢等回忆,在清末民初,计宗型的教育理念相当超前,为了教学生,甚至自学了英语,把美国大学的物理教材作为讲义。在教学方法上也完全摒弃了传统的死记硬背套路,不但会讲物理现象与概念,还重点讲解计算物理量的公式和推导方法,当时无线电刚刚发明不久,计宗型就率先在中学课堂上做了无线电波的通讯实验。嘉兴一中后来出了十余位两院院士,数理学科积淀极为深厚,究其根源,计宗型功不可没。可能是早年在武备学堂的经历,让计宗型对于体育的认识远远超出了同时代知识分子。在嘉兴一中任教时,他就加入了嘉兴竞争体育会,倡导学生开展体育活动,开一时风气。

在东京加入过同盟会的留日学生,都有自己的政治抱负。褚辅成、陈仲权等回国后也都办过学教过书,转头便都投入了革命洪流之中。计宗型虽更加专注于教育事业,却也一刻都没放下"欲以教育转移士气,树革新国政之本"的理想。辛亥革命前夕,他就在学校提倡"剪发辫",组织"学生军",实枪实弹进行军训。辛亥革命中,计宗型加入了光复沪杭敢死队,嘉兴光复当天,他带领革命军队沿铁道跑到东门火车站。不久后,他还带领"学生军"赴杭州,参加了攻打浙江巡抚衙门之役。

从1912年起，计宗型升任嘉兴府中学堂校长。不过此时学校业已改为浙江省立第二中学校。他以校长的身份执教物理、几何等科目，茅盾、汪胡桢、陆志鸿等皆曾受业于门下。在任校长期间，他十分器重品学兼优的学生张印通，帮助张公费赴日留学（后来张印通也成为嘉兴一中的名校长）。计宗型还支持方景昭创办嘉兴女子师范学校，王会悟就曾在此求学。

白居易曾赞裴度"令公桃李满天下，何用堂前更种花"，计宗型在嘉兴开新式教育之先河，十余年间，门下人才济济，堪与裴令公比肩。

1922年1月4日，计宗型离开二中，与浙江甲种工业专科学校校长许炳堃受浙江省教育厅委派，先后赴美国、欧洲考察教育、实业。回国后，他在浙江省教育厅任职，并于1924年12月8日被任命为浙江省教育厅长。

计宗型主持浙江教育不足三年，但兴利除弊，颇有建树，如成立全省小学基金会，筹划恢复浙江省高等学校，支持地方兴办平民教育、完成文澜阁四库全书抄补缮校工作等。北洋政府覆灭后，计宗型受同盟会中好友黄郛和张群的邀请，曾出任南京政府外交部帮办、上海同济大学秘书长，上海市政府科长等职务。九一八事变后，计宗型在病中为国忧愤不已，痛恨报国无门，常捶击床沿怒声喝骂。1934年末，他病逝于杭州浙江医院，时年51岁。

# 姜维贤:愿将热血洒国土

寻踪地:中山东路瓶山公园

瓶山是嘉兴市区的唯一的一座山,端端正正地坐落在市中心。相传这座山是南宋抗金名将韩世忠将犒劳御酒酒瓶垒土而成,也有说是与越王勾践伐吴有关。所以虽然山高仅 16 米,却也有一些睥睨全城的英雄气概。

往前数一个世纪,瓶山脚下,确实曾出过一位英雄。他名叫姜维贤,嘉属义勇军的创建者,是日寇侵占嘉兴时,第一个举起抗日义旗的人。

姜维贤像

在姜维贤拉起队伍前,谁都没有想到,这个三十多岁的年轻律师会是第一个站出来的人。他是一个标准的民国中产知识分子,祖籍温州瑞安,自父辈迁居到了嘉兴古镇凤桥的兴善寺。他自幼品学兼优,先后考入了杭州高级中学、浙江公立法政专门学校,是那个年代极为难得的法律专业人才。

姜维贤在学校时就热心社会活动,毕业后不久就加入了国民党,并出任嘉兴县党部执行委员。1930 年"姜维贤律师事务所"在市中心瓶山南麓开业,同时还办了一张《嘉兴民报》——这是抗战前嘉兴大小九十余种报刊中,颇有影响力的一种。无论是做律师还是做新闻,都难免要与三教九流打交道,姜维贤思想开明,交游广泛,既与嘉兴大小官员相熟,也与褚辅成等本地革命先辈也有着密切联系。

卢沟桥事变后,姜维贤被推选为嘉兴县抗敌后援会委员、救国公债劝募委员。嘉兴沦陷前夕,日伪军曾多次前来利诱。但这事关民族气节,姜维贤一步都没有退让,他在老家兴善寺组织起了抗日游击队,打响了敌后的嘉兴民间"抗日第一枪"。1938 年 1 月,国民党陆军二十八军六十二师挺进嘉兴南部,将士们对这支民间抗日组织大为赞赏,师长陶柳命名抗日游击大队为嘉属抗日义勇军总队，委任姜维贤为总队长。

没有当过一天兵的姜律师，就这样成为了敌后抗日队伍的领头人。在他的宣传动员下，嘉兴开明乡绅纷纷出钱出枪，将这支队伍尽可能地武装起来；本地的乡村民间抗日小组织也大多加入了义勇军，组成了六个大队，活动范围遍及现在嘉兴的南湖、秀洲两区。

当时日伪军横行劫掠，农村的土匪、水匪也猖獗一时，百姓苦不堪言。为捍卫乡土，争取群众支持，1937 年冬，姜维贤派二中队剿灭了在大云寺（现南湖区大桥镇云东村大云寺）一带打家劫舍的三股土匪，并将获得的所有赃物归还失主。通过一系列剿匪行动，义勇军得到了广泛的群众支持。

义勇军对于日伪军的打击也成绩斐然，《嘉兴市志》记载："义勇军活动区域遍布全县，配合正规军作战或单独作战颇著战绩，成为县内民众主要的抗日力量。"在队伍组建后不久，姜维贤就派精干队员深入日寇占领的东栅镇、凤桥镇、余新镇等地，击毙伪维持会的头目盛柏荪、吴老三、邹振雄等，打击日寇以及汉奸的嚣张气焰。1938 年 4 月，义勇军与六十二师三七二团部队，在嘉兴至海盐塘三环洞桥附近，击毙敌酋中野大佐及二十多名日寇，缴获大批军用物资，受到上级传令嘉奖。同年 5 月，义勇军配合三七二团主动出击，一度收复海盐县城。此战后，姜维贤创办《海北导报》刊登抗战消息，揭露日伪暴行。

这支民间武装的英勇善战很快引起了国民党高层的注意，1938 年 8 月，省抗卫总团将嘉属义勇军收编为抗卫总团五支队三总队，姜维贤仍任总队长。次年，三总队奉命南下绍兴平水县驻防。姜维贤在平水县政训处礼堂上贴出对联：

在海北曾与敌周旋，道合志同，愿将热血洒国土；
来江南受良好训练，切磋琢磨，期成劲旅逐倭奴。

字里行间，显现出要回到嘉兴继续抗击日寇的坚定决心。

然而姜维贤这次率队离乡，迟迟没有归来。在平水时，省政府就希望他出任平水县长，他以回乡抗日心切而婉拒。随后，姜维贤部队先后担任保护诸暨机场、曹娥江江防及慈溪观海卫海防等任务。他本人于 1940 年被任命为浙江内河水警局上校副局长，被推荐为省参议员。在国民党内前途一片大好。

加官进爵没有留住赤子回乡的脚步，1940 年秋，得知嘉兴抗日局势恶化，姜维贤毫不留恋地放弃了后方的安宁与前程,坚决重返抗日前线。国民党嘉兴县政府、县党部马上推任他为嘉兴县抗日自卫委员会副主任委员(县长王梓良为主任委员),主持日常工作。

1941年冬,汪伪军十三师丁锡山部进驻新丰,嘉兴北部抗日局势顿时紧张。浙江十区专署为打开嘉北地区抗日局面,决定在铁路北设立十区专署路北办事处,并邀请姜维贤出任路北办事处主任。当时姜维贤手上并不直接掌握部队,这次深入敌后风险极大。面对同伴的劝说,姜维贤只说:“我抗日不是为了当官,放弃前途回家乡,就是为抗日救国。抗日怎么能计较个人安危和利益。”

从凤桥一带到路北,只有短短几公里,但1942年2月4日,姜维贤前去路北赴任,一去就再也没有回来。据当时幸存的同志回忆,姜维贤等在路上已被盯梢,当晚日寇坐船前来偷袭,闯入卧房,革命同志及姜维贤亲属当场牺牲。姜维贤被捕后,坚贞不屈,遭残忍活埋,英勇就义。

在瓶山脚下与凤桥的桃花林中,姜维贤的故事仍为嘉兴人民代代传唱。从来英雄有后人,1937年,姜维贤扛起抗日大旗之前,曾将包括幼女姜玉民在内的家小都送往义乌。在1959年第一届全国运动会上,25岁的姜玉民连续刷新了她自己数年前创下的100米、200米、400米跑全国记录。后来姜玉民多次在世界赛场上披金戴银,被誉为“中国女飞人”。2019年,85岁的姜玉民面对央视镜头,提起了早已记不清音容笑貌的父亲,她深情地说:“我这个年龄是经历过抗日战争的,我父亲是被日本人活埋的,所以我知道,国家的荣誉有多重要。”

# 梅元白:散作乾坤万里春

## 寻踪地:新丰镇汉塘街

嘉兴东郊的千年古镇新丰,自古人文璀璨,单是在辛亥革命前后,就出过唐纪勋、祝廷锡、计宗型等颇有影响的人物。而就在辛亥革命爆发的第二天,在镇上开首饰加工店的梅家生了一个儿子,取名梅元白。

梅家先在新丰经商,后迁居平湖西大街,既做生意也是书香人家,祖上曾经当过海盐县令,梅元白的父亲梅文熙工于诗文,也曾在秀州中学任教,对子女的教育相当重视。梅元白自小品学兼优,16岁考入杭州高级工业学校学习化学,毕业后顺利进入上海海关工作。

未满20岁就在一线城市当上公务员的梅元白,原本可以安安稳稳地过着小康生活。但是在上海海关,他亲眼目睹了主权沦丧的屈辱;而不久之后,1931年,九一八事变又突然爆发。20岁的梅元白义愤填膺,毅然辞职,报考了杭州笕桥中央航空学校。

这所学校,被称为“中国空军的摇篮”。1935年,梅元白在此毕业,授中尉衔。当时这一批航校毕业的年轻飞行员,人人壮志凌云意气风发。谁都未有料到,此时他们已经进入了生命的倒计时。

梅元白的参战是在1937年“八一三”淞沪会战打响的次日开始,8月14日、15日,梅元白连续在上海上空作战,参加轰炸吴淞口外日舰,重创日军舰艇。8月24日,他又驾机轰炸杨树浦日军军火库,使日军军火一时陷于瘫痪。

1938年,梅元白参加武汉保卫战,在这场历时数月的残酷战斗中,有一段“中国空军远征日本”的传奇,1938年5月19日,为打击敌人的气焰、振奋士气,经过周密准备,中国空军的两架飞机由空军第十四大队的大队长徐焕升带队远征日本,在九州岛多地投撒传单后胜利返航。为筹备此次行动,国民党空军抽调精锐力量组建机组,训练了一个多月。最后参与行动的8名机组成员名单,当时中央社报道中有梅元白名字,但不同的史料说法有所出入,可以确认的是,梅元白至少是参加集训的预备成员之一。

战争，对于这批笕桥航校走出来的青年尤其残忍。全面抗战开始仅一年，国民党空军的“四大金刚”高志航、李桂丹、乐以琴、刘粹刚全部牺牲。在武汉保卫战中，梅元白也多次遇险。一次，他在驾机与日军飞机缠斗中油箱起火，在飞机坠毁前最后一刻，他命令后座飞行员先跳伞逃生，当他自己跳出时，身体已被烧伤。为躲避日机子弹，梅元白在高空中自由落体，直到离地1000米时才开伞，以致重伤昏迷。后来接受采访时，他曾提起这段经历：“等我苏醒过来，只听到有不明的声音传来，因为在沦陷区，我估计被日军包围了。我一摸身上的自卫手枪还在，就将子弹推上了膛，等候日军走上来，心想能打死一个日军够本，多打死几个更好，最后一颗子弹留给自己，坚决不当俘虏。”所幸，当时发现他的是当地百姓，他们误会跳下来的是日本飞行员，因此拿着锄头扁担等准备来捉拿。虚惊一场后，梅元白得到了同胞们的救护。经当地诊所初步治疗后，机智的农民兄弟为他换上了农民服装，一路上用担架抬着，抄小路安全送元白到武汉空军基地。

梅元白仅养伤两个月，就再度披挂上阵。从武汉保卫战到长沙会战，他屡立战功，升任空军二大队九队队长。1939年10月2日凌晨，日机3批共27架首次轰炸宜宾，先后在菜坝机场投弹200余枚，炸毁菜坝机场停放的战斗机一架。次日，梅元白奉命带队将战斗机转移到云南昭通。梅元白之前没飞过昭通，而昭通机场设施简陋，没有有效的空地联络手段，他率领分队始终未找到昭通机场，便决定返回宜宾。此时天色已晚，四川各地误认为他们是敌机，并发出空袭警报，实行灯光管制，致使梅元白等无目标可循，只好盲目迫降。其中，两架迫降宜宾江安，一架迫降合江上北沙江中，一架迫降泸县蓝田坝江边，一架迫降江津金刚沱长江中。梅元白、韩金榜等8位飞行员及机组成员不

南京空军烈士陵园

幸遇难。（本文按南京国际航空烈士园资料，另有一说梅元白为1941年秋牺牲）

梅元白短暂一生，人如其名。元朝画家王冕有《白梅》诗云："冰雪林中著此身，不同桃李混芳尘。忽然一夜清香发，散作乾坤万里春。"烈士一腔碧血魂归长空，所求的正是乾坤万里，春回大地。

这样的忠贞爱国，源自代代相传的家风。投笔从戎后，梅元白就未曾回过汉塘河边的家乡。英雄牺牲的消息辗转传回嘉兴，父亲梅文熙老泪纵横，奋笔题诗："亲情友谊原多假，休把河山馈作真。"揭露日本政府"日中亲善"的欺骗宣传，告诫国人莫把大好河山拱手相送。

# 戴蕴芬:一腔碧血染凤溪

## 寻踪地:凤桥镇西大街 91 号

嘉兴城东南十几公里,有座以盛产水蜜桃著称的小镇凤桥。宁静的老镇区西大街上,被老人称作凤溪的那条河静静流过,河边的 91 号是一幢旧楼,与周边的厂房、店家一样不甚起眼。但是,许多当地的老人都记得,1949 年以前,这里叫“徐八房宗祠”,曾是抗战时期嘉兴县政工队驻地。1940 年 1 月 5 日,日伪军偷袭徐八房,20 多名抗日青年在这里壮烈牺牲。

这些英烈中,除部分抗日民众外,有 6 名浙江省政工队队员,12 名嘉兴县政工队队员。其中有一位,就是凤桥的女儿。她名叫戴蕴芬,是一位小学教师,也是嘉兴县政工队的妇女区长,牺牲时年仅 25 岁。

在民国时期,能接受教育的农村女子极少,凤桥镇陈良村鲍家桥戴家的女儿,就是凤毛麟角的那一个。戴蕴芬考上了嘉兴县立女中,这所学校前身正是女教育家方景昭(方英)在计宗型帮助下创办的嘉兴女子师范学校。中学毕业后,戴蕴芬回到农村,在附近新篁集镇的太平寺初小任教 8 年,后来,她在庄史乡创办耘田小学,深受学生、村民和同行的赞誉。

在相对闭塞的郊区,年轻的乡村教师,总是得风气之先的那一群人。嘉兴沦陷后,根据上级部署,嘉兴县于 1938 年组建战时政治工作队。由于河网密布,离嘉兴、平湖、王店、硖石等日军重要据点又比较远,凤桥发展成为嘉兴敌后抗战的中心。镇上西大街的徐八房宗祠,就成为了政工队的驻扎地,戴蕴芬等当地小学教师成为了工作队的骨干分子。

“那时候我们的老师都是政工队员,他们都是一些爱国青年,每次课堂上跟我们讲起日本鬼子的残暴,激愤得咬牙切齿!而讲起嘉兴的抗战形势,情绪又非常激昂!”在抗战胜利 70 周年时,有记者来凤桥寻访抗战故事,回想起当年政工队员在课堂上的上课情景,经历过那段岁月的老人们依旧激动不已。

政工队大多是知识分子,体力或有不足,但是他们以笔为枪,开展了许多救亡活动,仅在凤桥一带,戴蕴芬等人就先后恢复和创办了凤溪小学、徐王小学、余贤埭小学、桃花浜小学等乡村学校，组织进步教师，编印抗日课本，招收沦陷区失学儿童入学继续学业。他们派人到敌地方医院学习进修，组建地方医疗组，帮助地方贫苦百姓治病。政工队员组织的“杉青剧团”经常在乡村巡回，向民众揭露日寇暴行，讲抗日救亡的道理。徐八房里还诞生了一张进步报纸——《嘉兴人报》，报道前线和后方消息，积极宣传抗日。

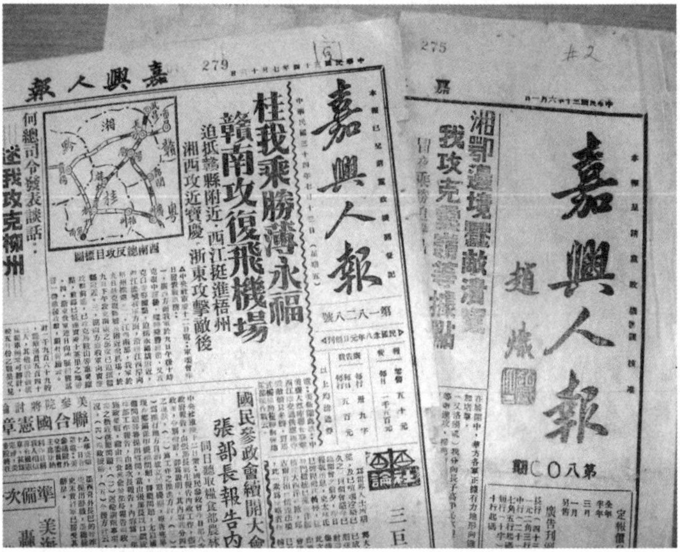


抗战时期的《嘉兴人报》即出自凤桥镇徐八房

政工队的工作有声有色，民间抗日力量不断壮大，徐八房这样一个抗日据点，很快就引起了日本人的注意。当时，嘉兴郊外属抗日游击区，国民革命军六十二师常在此活动，对政工队形成了一定的保护。1940 年元旦期间，嘉兴政工队召集各区分队来到徐八房开会，而恰在此时，驻扎在凤桥的六十二师三营八连主力部队因执行军务暂时离开，仅留了 30 多人在徐八房附近守卫。一个小小的空当，不意祸起萧墙。

因叛徒出卖，1 月 5 日凌晨，日寇和伪军 400 余人悄悄出城，先乘汽车沿被日军控制的嘉平公路到焦山门，然后再走通往凤桥的道路，绕过民房哨岗，重兵包围了当时的县政府所在地窑湾茧厂、政工队所在地徐八房宗祠以及自卫队所在地油车弄，并切断了电话通讯，准备一举将抗日组织歼灭。

在徐八房附近，日寇和伪军先击退了薄弱的守军，随后重兵包围了徐八房。他们架起机枪，对院内疯狂扫射。面对突如其来的袭击，手无寸铁的政工队员猝不及防，冲到院门口，纷纷中弹倒地。随后，日军冲进院内，开始大肆屠杀。

混战中，戴蕴芬冲出了徐八房，但旋即被敌人抓获。在刺刀面前，这个文弱的女教师没有一丝退缩，大声痛斥日寇的暴行。恼羞成怒的鬼子在她的嘴边连刺两刀，随后又在她胸口连刺四刀。最终，年轻的戴蕴芬倒在了血泊之中。

1940 年 1 月 12 日的《东南日报》以“嘉兴敌惨焚凤桥，十余政工人员光荣殉难”为题，报道了徐八房惨案，震惊了浙江国统区，浙江省政府批准惨案中牺牲的戴蕴芬等嘉兴县政工队队员为抗日烈士。鲜血没有令嘉兴人民退缩，政工队副队长兼《嘉兴人报》副主编王文深等人突围脱险后，将《嘉兴人报》迁往更为隐蔽的王家埭地区，继续在敌人的枪口下发出抗日救亡的呼声。

八十余年沧海桑田，而今，徐八房门前的凤溪依旧湍流，当年的旧宗祠却只剩了一座石质门框。但是在乡村蝶变之时，凤桥人依旧没有忘记徐八房惨案，没有忘记戴蕴芬等烈士忠魂。当年的政工队员后人薛家煜先生撰写《长天悲歌——凤桥徐八房惨案纪事》一书，让人们了解历史，缅怀先烈。如今，凤桥镇正在精心打造“徐八房”革命纪念园，“嘉兴人报”“印刷宣传”“御敌战斗”等抗日场景将再现于世人面前。

# 第四辑

# 嘉邑近曲

# 钱宝琮:算术流传世界珍

## 寻踪地:梅湾街东区

现在的梅湾街东区南门头广场南侧,市政府金融办一带,百年前有条小街叫槐树头。这段路一头紧邻着东米棚下的朱生豪故居,一头连着帆落浜的汪胡桢故居,街上曾有一座名叫笃庆堂的走马堂楼,1892 年,近代中国数学史研究的领军人钱宝琮就出生在这里。

嘉兴话里的"走马堂楼"很是气派,一般为三楼三底、三排房两天井,是当时城中士绅的住宅"标配"。笃庆堂钱氏是江南吴越王朝后裔,这是一支千年望族,钱宝琮祖父钱笙巢经商有方,家里虽不算大富大贵,但尚能为子女提供不错生活与教育条件。

钱宝琮的父亲钱迪祥较早接受了新思想,他经常阅读《新闻报》和《浙江潮》等进步报刊,"知风会所趋,非求实学不足以自立"。他力排众议,将长子钱宝琮和几个子女都送到新式学堂就读,期待他们熟悉"洋务",成为工程师。

钱宝琮像

1903 年,钱宝琮考入当时以风气开明著称的嘉兴府公立秀水县学堂,后来的浙江图书馆馆长、西泠印社社长海宁人张宗祥是他的授业恩师,同学中,不乏后来投身法政的陈宝桢(陈省身之父)、著名哲学家黄子通等有识之士。1941 年,张宗祥六十寿辰,钱宝琮曾撰文回忆中学生活"每于晚膳后,约同学四五辈,趋先生所,问难解惑,以为乐事";而另一位恩师郑思忠七十寿辰时,他又有贺诗云"少耽畴人业,曾不计惘笑。游艺共颉颃,程课穿奥窔"。可见钱宝琮在秀水县学堂遇到了许多良师益友，这段愉快充实的学习生活为他一生道路打下了坚实基础。

从故乡起步，钱宝琮按照父亲规划的工程师梦想踏踏实实地往前走。1907 年春，钱宝琮考入苏州苏省铁路学堂土木建筑专科。次年，他作为年纪最小的考生，参加了浙江省第一次官费留学欧美学生的招考，并以第十五名录取。1908 年 10 月，他插班入读英国伯明翰大学土木工程系二年级，并于 1911 年 7 月考入曼彻斯特工学院建筑系继续深造。

辛亥革命发生后，留洋知识分子中"科学救国"的热情高涨，1912 年初，钱宝琮提前回国。经褚辅成介绍，他在光复后的浙江省民政司任职，不久后到上海南洋公学附属中学教了几天数学，又尝试去南浔铁路任职而未果，却意外获得了苏州省立工业学校土木科主任的聘书。从这里，梦想发生了转折，钱宝琮多年曾回忆道："那时我就想我做不到工程师，做一个工科教员也是好的。"

很快，钱宝琮发现，教书并不是什么"退而求其次"的选择，因为喜欢教学工作，第二年，钱宝琮就辞掉了主任兼职，专门教书。一次偶然的机会，他从苏州旧书店购得数种中国算学书籍，并由此萌发了研究中国算学史的兴趣，1920 年时，他在学校里每周 20 小时的课程就完全是教数学了。

中国算学史上，乾嘉学派元老阮元的《畴人传》是绕不过去的一本书。1918 年，钱宝琮研读时，写诗为记：

> 余年二十七，始读《畴人传》。象数学专门，不绝仅如线。
> 千古几传人，光芒星斗灿。

钱宝琮对王锡阐、梅文鼎、钱大昕、李善兰等前辈天文历学或数学家甚为推崇。当时中国的数学史研究几乎是一片空白，未到而立之年的钱宝琮从此便有了拓荒的决心。在苏州任教时期，他撰写了《九章问题源流考》《方程算法源流考》等六篇分科探讨源流论著发表在 1921 年和 1923 年的《学艺》杂志上，引起了国内外学术界的广泛关注，后以《古算考源》书名出版，成为了数学史研究的经典之作。

对当时内忧外患的中国来说，钱宝琮对中国数学史的梳理，其意义远不止于"整理国故"，而是为古中国的数学研究"正名"，为当时弱小的中国科学界提振信心。正如嘉兴籍院士吴文俊曾回忆道，百余年前，知识分子对中国古代数学成就知之甚少，西方学界甚至不承认中国古代数学的成就，甚至在广大中国数学家中的一般看法是：现代数学，主要是由古希腊数学的传统演变而来。而率先改变这一看法的，就是李俨和钱宝琮。

钱宝琮在守望古代数学史的"光芒星斗灿"的同时，也着力为20世纪的中国数学培育着群星闪耀时。1925年8月，经南开大学数学系创始人姜立夫介绍，钱宝琮北上天津，任南开大学教授，开设微积分、微分方程和数学史等课程。他在南开大学执教的讲义后来汇编为《中国算学史》（上卷），于1932年出版，被公认为近代中国数学史著作的先驱。在南开任教期间，他发现老同学陈宝桢之子陈省身数学天赋卓越，便鼓励其"以同等学力"跳级考入南开大学，并亲授其微积分与力学。

1927年，钱宝琮到中央大学任教，一年后南归浙江，成为浙大数学系的创建者之一。期间，他曾兼任学术期刊编辑，华罗庚的第一篇论文就是在其指导下面世的。此后近三十年，他随着浙江大学在抗战期间辗转西迁，在兵荒马乱中坚持研究与教学工作，培养出了许多栋梁之才。

1956年，中国科学院副院长竺可桢向周恩来总理请示，钱宝琮由浙江大学调任北京，与李俨共同组建中科院中国自然科学史研究室，从事数学史研究。1962年，《中国数学史》定稿，他曾赋七律诗赠送编辑小组：

积人积智几番新，算术流传世界珍。
微数无名前进路，明源活法后来薪。
存真去伪重评价，博古通今孰主宾。
合志共谋疑义析，衰年未许作闲人。

当时，钱宝琮已是古稀之年，1950年代时，他就屡遭政治运动冲击，后来在"文革"期间，他更是被当作"资产阶级反动学术权威"，受到批判和迫害，但一直到1974年病逝，他都保持着饱满的学术热情，正如学生陈省身后来深情回忆的那样："先生立志'以整理中国算学史为己任'，并为之奋斗了一生。"

# 汪胡桢:治河治淮两无患

## 寻踪地:帆落浜39号汪胡桢故居

穿过熙熙攘攘的南门头广场,梅湾街东区南端帆落浜(旧时俗称饭箩浜)旁有几幢西式平房,构成一个占地近2500平方米的"工字型"小园子,嘉兴人俗称其为"汪家花园"。此地是"一代水工""中国连拱坝之父"汪胡桢故居,最初是1928年他为母亲所建的"湖滨小筑"。

汪胡桢像

清光绪二十三年(1897),汪胡桢出生于帆落浜的一个普通市民家庭,13岁以文科第一名的成绩考上了嘉兴府中学堂(即后来的嘉兴市第一中学)。15岁时,父亲因病去世,汪胡桢原本打算辍学去商务印书馆当学徒,幸而得姑母资助才完成了中学学业。

1915年中学毕业时,正逢近代著名实业家、教育家张謇在南京举办河海工程专门学校(河海大学前身)。汪胡桢原本的梦想是当铁路工程师,但河海学校对江浙学生免学费,因此他在长辈鼓励下尝试应考,不料一举夺魁。入学不久后的一次课上,教务长李仪祉展示了一个蓄水模型,英文名是Reservoir,中国古书叫陂或塘,尚没有更好的译文。汪胡桢灵光一闪,将其命名为水库,还口占了七绝一首:

从来粟米聚成仓,而今雨水也入库。
蓄潦济旱能发电,五谷丰登百工富。

"水库"译名沿袭至今。来自水乡的汪胡桢就这样水利史上留下了第一笔。两年后,汪胡桢毕业。——作为中国第一所培养水利人才的高等学府的第一张毕业证书拥有者,他已注定载入中国水利史册。

汪胡桢第一份工作在当时的全国水利局,不过不久就回校任教。1920 年,汪胡桢赴美国康奈尔大学学习水利发电专业。1923 年硕士毕业后,他曾后在乔治亚州亚特兰大市铁路电力公司实习,参与摩尔根瀑布(Morgan Falls)水电站、骚吐斯(Saw-tooth)水电站的设计和施工。在 1920 年代,黄种人极少能在欧美参与大型工程设计,汪胡桢若留在国外,优裕的中产生活唾手可得。

但是身在大西洋畔,他依然想念家乡的江河湖海。1924 年,汪胡桢回国,依旧任教于母校(当时已称南京河海工科大学)。在此期间,他与在南京的嘉兴籍青年共同创办了《嘉兴评论》。1927 年,汪胡桢任太湖流域水利工程处副总工程师,此后十年,他先后在民国政府多个水利部门、学术团体工作,也曾多次在家乡留下足迹,如主持鸳鸯湖(西南湖)尾间的开浚工程,协助陆初觉在嘉兴拆城筑路,参与编撰《嘉兴新志》等,为嘉兴城市风貌发展作出了重大贡献,也留下了丰富的地理资料。

这十多年中,汪胡桢奔走大江南北,更多的设想停留在了纸面上。92 岁时,他在《回忆我从事水利事业的一生》中,把自己的水利事业分为新中国建立前后两个阶段,前半生,他倾注了半生心血的滹沱河水库计划,整理运河工程计划和钱塘江海塘维修工程等或被束之高阁,或半途而废。1949 年,中华人民共和国成立,他兴奋地写道:“我的后半生,全国解放了,我获得了新生,能为国家建设佛子岭与三门峡两水库。”

佛子岭与三门峡,背后分别是淮河与黄河,在数千年来的中国治水史上,这是难以驯服的两条恶龙。

作为全国顶尖的水利专家,汪胡桢与淮河打交道非常早。他在《水工六十年》记载:“1929 年,李仪祉先生出任导淮委员会总工程师兼工务处长,命须恺为副总工程师,我为设计主任工程师……当时国民政府拟用导淮计划向国外借款供施工之用,因为借款没有成功,计划虽已完成只好束诸高阁,仅利用英国退还的庚子赔款,建成计划中邵伯、淮阴、宿迁三个船闸,这三个船闸都是我设计的。”在 1930 年左右,汪胡桢曾设计过一个宏伟的导淮工程计划,但开工不久即告流产。

中华人民共和国成立后,关系亿万人民生计的水利工作迎来了春天。1949 年冬,以治淮为首要任务的华东水利部在上海成立,在浙江大学任教的汪胡桢调任副部长，后又与同乡钱正英成为治淮委员会工程部正副部长，主持制定治淮总体规划《治淮方略》。

治淮难，最难在支流淠河。能否在淠河上游的佛子岭成功修建水库，几乎是当时治淮工程的胜负手。这是中华人民共和国成立后兴建的第一个大型水利工程，汪胡桢自告奋勇担任工程总指挥。佛子岭地处大别山区，地势地形和水文地质情况都非常复杂。为了啃下这块硬骨头，汪胡桢提出，以连拱坝的方式修筑水库，这项技术当时在全世界仅有两个成功案例，在治淮这样的巨型工程中加以应用，史无前例。

1952 年 1 月 9 日，水库工程动工，数以万计人奔赴大别山区。工地铺设范围长达十数公里，奋战 3 年，耗费 3800 万，佛子岭连拱大坝如期建成，成为新中国第一坝、亚洲第一坝、世界第三坝。至今 70 年过去，这座已是全国重点文物保护单位的大坝累计拦截大大小小的洪水 230 余次，坝身上毛泽东主席题写的“一定要把淮河修好”八个大字依旧熠熠生辉。

佛子岭水库建成后，汪胡桢马不停蹄地投入了治理黄河事业。1956 年三门峡水利工程兴建，汪胡桢为总工程师之一，1960 年，三门峡水利枢纽工程建成，水库大坝采用混凝土重力坝型，工程质量得到了当时国际同行的一致认可。

治水归来，年过花甲的汪胡桢出任北京水利水电学院院长，晚年又担任水利部顾问，继续为水利教育与研究事业呕心沥血。他曾说：“我曾在《后汉书》中看到一生戎马的马援将军，到了晚年已卸下戎衣，但犹上马左右顾盼。我现在的心情，可谓和马援当年如出一辙。”

马援身后两千年，依旧“伏波勋业照青编”。一代水工治河治淮，其功勋事业也必为人民所永远铭记。

# 褚凤章:寻常纸上说经纶

## 寻踪地:角里街70号民丰特种纸有限公司

放眼江浙沪,上亿人中谁没用过几张“民丰”纸?嘉兴城东角里街上的民丰造纸厂是浙江最大的造纸厂,在整个华东地区乃至全国,也能算得上是造纸行业排得上号的大企业。厂里有幢灰扑扑的老式砖楼,墙上镶嵌着一个数字——“1923”,这是民丰造纸厂建厂的年份。

时钟回拨到百年前,民丰造纸厂可以说是出身名门。其前身是辛亥革命元老褚辅成与一群开明士绅合资36万银元,与长子褚凤章开办的禾丰造纸股份有限公司。褚辅成一生为革命奔走呼号,较少经营实业。而他的四子三女大多选择了教育救国、科技救国的道路,其中在实业领域最为活跃者当属长子褚凤章。

褚凤章出生于1896年,在父亲褚辅成的严格教导下,他在清末考取了烟台海军学校,毕业后成为当时中国最年轻的海军艇长之一,曾被袁世凯授予海军轮机少尉衔。不过,深受父亲革命思想影响的他,并没有在旧式军官的道路上走下去。1913年底袁世凯下令解散国民党,褚辅成被捕,直至1916年袁世凯死后方出狱。就在这期间,褚凤章离开海军进入上海复旦学习,不久又考取公费赴美留学,先到新英格兰地区名校伍斯特理工学院(WPI),后在麻省理工学院获科学硕士学位。

褚辅成的七个子女都接受了高等教育,其中多人曾赴欧美求学,学有所成后全部回国。褚凤章就是弟妹们的表率。回国后,他先到杭州,任浙江省建设厅技正。1922年,光复会成员、前陆军少将俞丹屏建立了浙江第一家机械造纸厂——杭州武林造纸厂,次年,褚氏父子就创立禾丰造纸厂,褚凤章出任协理。

在内忧外患的民国,知识分子实业救国的梦想往往只是镜花水月。当时禾丰造纸厂购地30亩,买机器、置设备、招工人、聘技师,历尽千辛万苦拥有了第一条黄版纸生产线,并于1925年正式投入生产运行。

褚凤章(右一)留学时期与同学合影

当时,长江中下游的纸品市场为一群日本商人所垄断。得知禾丰造纸厂投产,他们迅速纠集势力,抢先将手中的黄版纸库存降大批量价倾销,迅速抢占了市场。这一恶意竞争之举直接截断了禾丰的销路。投产仅仅三年,禾丰造纸厂就陷入了资不抵债的困境,被迫倒闭。褚氏父子曾尝试再办竟成纸厂,但不久就再度倒闭。为了不让造纸市场为日本人所垄断,褚辅成将禾丰所余资产折价28.5万银元,转让给浙商竺梅先和金润庠。

这两位浙商收购禾丰厂后,将其更名为民丰造纸厂,生产黄版纸,后试制薄白纸版成功,填补国产纸版空白。1931年,他们接办杭州武林造纸厂,改组为华丰造纸股份有限公司,并于1932年联合5家造纸厂,在上海成立国产纸版联合营业所,统一产销,抵制日货倾销,创造了一段中国造纸工业的传奇。

禾丰造纸厂易主,但褚凤章并没有离开造纸行业。从1927年起,他往来与政界与工商界之间,先后任浙江省电政监督、浙江省煤油特税局局长等职,后改任财政部驻山东省及山西省财政专员,并兼任青岛市电政监督,继任国民政府文官处参议、浙江省建设厅处长。1930年,竺梅先和金润庠成立民丰造纸公司后,褚凤章出任顾问工程师,并于1933年兼"民丰"(嘉兴)、"华丰"(杭州)造纸厂总工程师,同时任嘉兴蚕丝公司经理,浙江省工业协会常务理事等职。1935年,他与工程师陈晓岚与奥地利工程师恩槎共同研制出"船牌"卷烟纸,享有卷烟纸制造专利权,这也让民丰造纸厂成为了中国第一家卷烟纸制造厂。

1932年"虹口公园爆炸案"后,褚凤章曾遵父命掩护金九等大韩民国临时政府成员。但在大多数时候，他在政治上并不算活跃，更喜欢一心扑在嘉兴的造纸车间里，殚精竭虑地改进工艺，与外国资本勉力抗衡，为民族工业上下求索。

1937 年，抗日战争的爆发打断了江南民族工业艰难成长的道路。“八一三”淞沪抗战后，上海沦陷、嘉兴沦陷、杭州沦陷，民丰、华丰两大造纸厂相继停产，工厂设备为日寇所占。褚凤章率领部分职工远走云南昆明，1940 年，他们在众多民族资本家的支持下，于滇池出口旁的海口镇筹建云丰造纸厂，褚凤章任总经理，云南的第一张现代机械所造的纸就诞生在这里。

当时的云南，工业基础约等于零。为了将造纸机运入昆明，褚凤章等大费周折，设计了一条从上海经海运至仰光，沿滇缅公路抵昆明的路线。1941 年 8 月 29 日，云丰造纸厂正式出纸，为当时大后方的军民解了燃眉之急，为抗战胜利与云南工业发展作出了巨大贡献。

抗日战争胜利时，金润庠深知国民党腐败，争分夺秒抢在“劫收”大员之前，从日本人手里自行收回了民丰造纸厂。褚凤章也于此时回到嘉兴，再续实业救国之路。他继续在“民丰”“华丰”造纸厂担任总工程师，后又兼任民丰造纸公司副总经理。

但抗战胜利之后，民丰造纸厂依然面对着官僚资本的围追堵截。孔祥熙大公子孔令侃的上海扬子公司低价倾销美国卷烟纸，使民丰生产的卷烟纸陷入低谷，库存大量积压达 8000 箱，包括华丰一部分，价值 100 万美元，工厂经营举步维艰，处于半开半停的状态。

1949 年 5 月 7 日嘉兴解放，在党和人民政府的大力支持下，民丰造纸厂全面复苏，该厂有职工 1100 余人，造纸机 3 台，年产纸张 3200 多吨，为全市五大厂之首。在走向公私合营过程中，民丰造纸厂的一些高层出现了动摇，但褚凤章始终坚决地站在人民这边，在最危险的时候代理总经理职务，顺利地将企业带回了正轨。

1951 年，正当民丰造纸厂正热火朝天地开展劳动竞赛、厉行增产节约时，为民族工业鞠躬尽瘁的褚凤章溘然长逝。

而今，江南的“民丰”已经成长为行业领先的国家级高新技术企业，打入了国际市场，云南的“云丰纸”也曾在西南地区风行一个甲子。若先生英灵有知，也当深感欣慰。

# 王蘧常:毋走常蹊继绝学

## 寻踪地:揽秀园南园王蘧常学术馆

2020年6月26日,农历五月初六,王蘧常诞辰120周年。

这一天,复旦大学哲学学院、王蘧常研究会、复旦大学上海儒学院和复旦大学书画篆刻研究会专门举行纪念座谈会,当天《蘧草法帖》首发,《王蘧常文集》样书亮相。

王蘧常像

受到知名学府如此推崇,王蘧常何许人也?复旦大学哲学学院院长、王蘧常研究会理事长孙向晨认为:"王蘧常先生是国学界的一代巨人,疏通中西,也是复旦大学哲学学院中国哲学学科的创始人。"

而这位学术巨人,出自嘉兴的一个书香门第。

光绪二十六年(1900),岁在庚子,嘉兴人王甲荣50岁,正任职直隶总督署文案,是北洋大臣直隶总督裕禄的属官。这一年五月初六正午,他的幼子王蘧常出生在天津城内三太爷庙街寓所。这本该是一件大喜事,然而就在这之前四天,八国联军发动侵华战争,五月廿一日(6月17日),联军攻占大沽,天津危在旦夕。王甲荣命夫人及21岁的长子王迈常扶老携幼回嘉兴避难,而自己坚守衙门,直到八月初裕禄战败自尽后才寻路南归。

母亲怀抱着未满月的王蘧常昼伏夜行,穿过"杀人盈野,白日无鸡狗声"的津沽大地,一路惊惶默念:"儿慎毋啼,啼则全家无生理!"所幸襁褓之中的孩子竟真的一声不吭。等到全家终于在嘉兴重新团聚,已经是这一年的农历十月。

王蘧常后来常用一方印章“忧患余生”，纪念的就是这段坎坷经历。

到他 4 岁时，父亲王甲荣以候补知府实授富川知县，全家跟着去了广西，王蘧常在随家宦游中完成了启蒙教育，7 岁能赋诗，10 岁进富川县学读书。但在清末的动荡中，中下层官僚家庭的小康日子不会稳定太久。辛亥革命后，王甲荣又一次带着全家仓皇回到嘉兴。

庚子年逃回嘉兴时，王家尚有功名和官阶傍身，而辛亥年已经改朝换代。王甲荣回到嘉兴后已年逾花甲，仍要为生计奔走，孩子读书甚至买不起纸。据友人回忆文章记载，王蘧常少年时，全家租住在勤俭路椿树弄谭家，“几乎每天都有好几个小时在天井里的地砖上写字，写满了用水冲洗干净再写”。谭家四五岁的儿子是他仅有的小玩伴——这个孩子名叫谭其骧，后来成为了中国历史地理学科主要奠基人和开拓者。

王蘧常 14 岁跳级考进浙江省立第二中学（即今嘉兴市第一中学）。15 岁时，他就能替父亲捉刀代笔。中学读了一年左右，王蘧常因病退学。卧床期间，他以指代笔，在病床上摩挲唐拓《十七帖》影印本，比画记忆。卧病两年多，竟练坏了 4 本字帖，打下了扎实的书法基础。

1917 年，王蘧常大病初愈。那年夏天，沈曾植回乡小住，二人算是远亲，但对这位祖父辈的泰斗人物，王蘧常不敢贸然上门，于是化名“黄阿龙”专门写信求教。次年，沈曾植又回嘉兴扫墓，见到王蘧常习字，当面未置一语，邀他第二天去住处，给予示范，又特取《郑文公碑》墨拓八大轴相赠，由此结下师徒之缘。1919 年，王蘧常去上海，正式拜沈曾植为师。当时康有为常在沈家作客，王蘧常对其亦持弟子礼，康有为曾引用宋人诗句“咄咄逼人门弟子，剑南已见祖灯传”称赞他，勉励他以陆游（著有《剑南诗稿》）为榜样。沈曾植更是对这个学生满怀期待：“凡治学，毋走常蹊，必须觅前人穷绝之境而攀登之……章草自明宋（克）祝（允明）以后，已成绝响。汝能兴灭继绝乎？”

“毋走常蹊”四字，影响了王蘧常一生。这句话激励他继往圣之绝学，拓展了章草之领域，被誉为“是章草，非章草，实乃蘧草。千年以来，一人而已”。也激励他从从 1500 名考生中脱颖而出，考入国学大师唐文治创办无锡国学专修馆，开始了其不平凡的学术生涯。

在无锡国专就读期间，他编写《三代史》，在报刊上零星发表，王国维读后大为赞赏，誉之为“王三代”。在国专读书期间，他与同乡唐兰、吴其昌（海宁人）同学，并称“国专三杰”。毕业后，王蘧常留校任教。梁启超是王甲荣的科举同年，经张元济介绍，王蘧常受梁指点，学术愈发精进。整个青年时代，王蘧常辗转在无锡国专、大夏大学、复旦大学等知名学府任教，他通晓经学、史学、诸子学，是当时上海知识界青年才俊中的翘楚。

王蘧常做的是故纸堆里的学问，但从未闭目塞听。“忧患余生”是他对往事的纪念，也是对自己的警醒。终其一生，王蘧常以顾炎武“天下兴亡，匹夫有责”为座右铭。1937 年 11 月，嘉兴落入敌寇之手，他他悲愤写下《哭故乡嘉兴沦陷》：

六州铸错事全非，　又报家乡劫火飞。
如鹊绕枝何处宿？　似儿失乳向畴依？
梦中灯火人无恙，　泪底松楸望总违。
二十四时肠百转，　几回岁月几沾衣。

抗战时，他先后在之江文理学院与交通大学执教。1941 年太平洋战争打响。汪伪接收交通大学，他与五位同事毅然辞职，时称“反伪六教授”。当时伪中央大学校长是王蘧常在无锡时的恩师，三次电邀他去南京任文学院长，被他拒绝。在抗战期间，他的诗文如《八百孤军》《闻平型关捷报歌》《大刀勇士》《胡烈士歌》等，多慷慨悲歌之气，其中“热泪与冷风，独铸心头铁”“春声与酒味，中我百愁圆”“网得诗心不经意，无端暝入夕阳边”等句，被评论家评为“皆戛戛独造，极搜肝镂肾之能事，足以援奇于古人之外也”。王蘧常还搜集自鸦片战争至淞沪抗战近百年间，反映国家危难的诗歌作品，一一评论，汇成《国耻诗话》，又将自己在抗战期间所写诗文汇成《抗兵集》。凡此种种，正如唐文治在《王蘧常文集》序言所云“王君志节激昂，不平之鸣，时露于楮墨间”，可为“当世君子之楷模”。

抗战胜利后，王蘧常长期任教于复旦大学哲学系，成为了复旦大学哲学系中国哲学学科奠基人。晚年的王蘧常书法更臻妙境，“蘧草”享誉海内外，识者评其章草特点：“无一笔不具古人面目，无一笔不显自己的精神。”其章草书法艺术“博取古泽，冶之于章草之中，所作恢弘丕变，蔚为大观”。日本书法界甚至有“古有王羲之，今有王蘧常”之誉。

1987 年，王蘧常曾应嘉兴市政府邀请，回到家乡，在老屋书房双如阁前留影。1989 年，王蘧常仙逝。2012 年，王蘧常学术馆在南湖畔开馆，其一生治学、嶙峋风骨，至今光照人间，激励一代代后辈们孜孜传承。

# 唐兰:笔耕北国未曾闲

## 寻踪地:新嘉街道秀水兜社区 106 号唐兰故居

嘉兴市区北丽桥西北侧是秀水兜,沿河有幢不甚起眼的旧式二层小楼,这幢老宅的兴建者是清末明初的小商人唐熊徵,而其子,就是著名的文字学家、金石学家、历史学家唐兰。

唐兰像

严格地说,唐兰并非出生在这幢小楼中。唐家是个经商的小康之家,1901 年时家里仅有两间平房。不过唐熊徵在子女教育上颇有远见。1903 年,秀才范古农在城北创办了嘉兴第一所新式小学毓秀小学。唐兰 1901 年出生,开蒙就在毓秀小学读书。1912 年,范古农又办了嘉兴乙种商业学校,唐兰当年正好小学毕业,顺势就继续跟着范先生学商。不过他很快就转移了兴趣,16 岁时改从中医陈仲南学医,年纪轻轻就在在城区椿树弄开设景兰医院,还写了一部《喉痧汇编》。但是,这条看似前途光明的名医之路也没有延续很久。1920 年冬,后来在文化史上赫赫有名的无锡国学专修馆成立,在范古农介绍下,唐兰和王蘧常一起受到了沈曾植保举入学。

无锡在嘉兴以北 200 里,20 岁的唐兰一定没有想到,此后一甲子,他要与鸳湖烟雨后会无期,人生轨迹一路向北。

在无锡国专,唐兰是与王蘧常、吴其昌齐名的“三杰”。在新文化运动的浪潮中,无锡国专仿佛是一个江南的柏拉图学园。唐兰在此专心治学,弱冠之年就敢于对罗振玉、王国维的《流沙坠简考释》《殷墟书契考释》提出意见,而两位大家竟然也对此颇为认可,王国维更是与其成为忘年之交。在前辈鼓励下,唐兰开始涉足敦煌学,渐渐在学界崭露头角。

1923年,唐兰以第一名的成绩毕业,接下来的职业选择还是继续北上。他去了天津,七年间又是坐馆又是办报。1930年,当父亲在家乡把老宅的两间平房扩建为小楼时,唐兰离家更远了一步,他去了沈阳,先后辽宁省教育厅与东北大学任职。

九一八事变后,唐兰回到北平,在国立北平大学、燕京大学代顾颉刚讲授《尚书》,不久即崭露头角,一时间成为全城大学竞相邀请讲座的红人。也正是在这一时期,唐兰将兴趣专注到了古文字学上。民国时期,古文字学的研究首推“甲骨四堂”,王观堂(国维)、董彦堂(作宾)、郭鼎堂(沫若)和罗雪堂(振玉)。唐兰曾师从罗、王,又与董、郭多有学术交往,但他的治学方法与四堂迥然不同。唐兰第一个跳出了《说文解字》的窠臼,只从字形这一点楔入,甲骨文、铜器铭文、陶文、玺文、货币文、简牍、帛书以及多种书(法)体都纳入了古文字学研究范围。他推翻了仓颉造字说,提出了文字由图画而来,是集体创造结果的观念,同时又否定了传统的“六书”说,提出了“三书”说(象形、象意、象声)。1935年,唐兰所著《古文字学导论》问世,堪称该学科的开山立派之作,34岁的唐兰由此获任北京大学教授,次年代理中文系主任。

古文字学是水磨工夫,而1930年代中叶的华北,已经没有了让冷门学科安静做学问的时间与空间。1937年7月,日寇侵华,北平沦陷。唐兰随着北大辗转南下,任教于西南联大。那是中国高校史上悲壮而光辉的一页,昔日风光的大教授人人艰难度日,有时甚至要在草棚中讲学。但据1939年入西南联大中文系就读的汪曾祺回忆,忧患之中的学者们,依然是真名士自风流,如他的《西南联大中文系》一文中就写道:

> 唐兰(立庵)先生讲课是另一种风格。他是教古文字学的,有一年忽然开了一门“词选”,不知道是没有人教,还是他自己感兴趣。他讲“词选”主要讲《花间集》(他自己一度也填词,极艳)。他讲词的方法是:不讲。有时只是用无锡腔调念(实是吟唱)一遍:“‘双鬓隔香红,玉钗头上风’——好!真好!”这首词就pass了。

古文字学总给人一种老学究的印象,唐兰这点落拓不羁,倒是给了学生很深的印象。抗战胜利后,唐兰回到北方,一边继续在北京大学任教,一边出任故宫专门委员。1949年，他的新著《中国文字学》出版，构建起了系统而完整的古文字学理论和方法体系。

1952年，全国高校院系调整。唐兰被文化部任命为故宫博物院设计员。近三十年专注古文字学之后，他的学术人生下半场转向了策展与文物研究。从这之后，他历任研究员，学术委员会主任，陈列室主任，美术史部主任，直至故宫博物院副院长，唐兰这个名字再也没有与故宫分开。

从1953年起，唐兰数次将自己的收藏捐献给故宫。1956年，他成功组织了"五省出土文物展览"，获得文化部表彰。故宫的青铜器和石刻碑碣的权威坚定，也多出自他的手笔。1973年，湖南长沙马王堆出土大量帛书和竹简，唐兰从中考证出了《黄帝四经》帛书，进而将文明史前推到大汶口文化，提出中国有六千年左右文明史的观点，以一已之力动摇了上古史学研究的传统格局。

"文革"中，唐兰等故宫文博专家受到冲击，曾被下放"五七干校"劳动。粉碎"四人帮"后，75岁高龄的唐兰再次焕发学术激情，准备动笔写西周史。1977年9月，他与老同学、著名剧评家朱瘦竹相唱和，笔端尽是老骥伏枥之意：

七十八年一瞬间，休嗟无术驻童颜。
鸳湖放棹春常在，雀墓寻陶步未艰。
茗饮南乡尚有诗，笔耕北国未曾闲。
平生险处看来惯，且说高峰尚可攀。

鸳鸯湖与雀墓桥是唐兰久违了的家乡风景，自从二十余岁北上以来，他大半辈子只回乡了三次。此诗之后，他也没能等到再次"茗饮南乡"之日，1979年1月11日，唐兰因脑中风去世，被追认为中共党员。

中华人民共和国成立后，唐兰将自己名下的一部分秀水兜老宅赠送给嘉兴房管部门，此地先后改为食堂和幼儿园，直到2000年5月30日，唐兰故居被嘉兴市人民政府定为市级文物保护单位，这位从嘉兴走出的"故宫守护者"的名字，才为故乡人所共知。

# 顾均正:只用篇章为教化

## 寻踪地:嘉兴市第一中学

提起嘉兴一中出过的科技界名人,人们首先想起的总是屠守锷、汪胡桢等十多位院士校友,而"顾均正"这个名字,极少有人提到。其实,他虽不直接从事科学研究,但他对于中国自然科学发展的影响力并不逊于知名院士。

顾均正像

顾均正的贡献,在于启蒙,在于教化。作为中国科幻文学的先驱,他曾让许多青少年在战火纷飞的大地上,开始学习仰望星空。

顾均正在20世纪三四十年代最负盛名的几部短篇科幻小说,如《在北极底下》《伦敦奇疫》《和平的梦》等,都有着当时罕见的国际视野。但宏大的故事背后,作者本人却只是一个小镇青年。1902年,顾均正出生在嘉兴城内一个经营米店的小市民家庭。15岁考上了浙江省立第二中学(现嘉兴市第一中学)。当时省立二中是嘉兴最大的公办中学,对寒门学生多有资助,顾均正中学毕业后,家境贫寒无力继续深造,于是北上嘉善俞汇,成了一名小学教员。

俞汇与上海接壤,因此虽是偏远集镇,却也不乏有识之士。顾均正在此教了三年书后,便打定主意去上海滩闯荡一番。当时,海盐人张元济创办的商务印书馆正招兵买马,顾均正顺利考入,由此,开启了他长达半个多世纪的编辑生涯。

在商务印书馆,顾均正先是负责编撰理化读物,后调任《少年杂志》。在这一时期,他翻译了北欧民间故事集和法国作家保罗·缪塞的《风先生和雨太太》,可能是当过小学教员的缘故,他对少儿读物颇有研究,为后来的写作打下了良好的基础。

当时的顾均正与"五四"时期的许多知识青年一样,心怀救国理想,热心社会活动。1926年初,原商务印书馆主编章锡琛自行创办《新女性》杂志,因大力鼓吹男女平等受当局所迫被辞退,顾均正并不避嫌,热情参与了筹办与撰稿工作。

当年8月,章锡琛创办了开明书店,著名教育家、文学家夏丏尊出任编译所主任。两年后,顾均正与商务印书馆的同事叶圣陶、贾祖璋等纷纷转投开明书店。在这个新的平台上,顾均正与海宁人贾祖璋发挥所长,负责自然科学和少年儿童文学读物。1930年,他参与了《中学生》杂志的创刊并作为主编之一主持日常编校事务。

20世纪二三十年代,上海的基础教育水平虽已居全国前列,青少年中的"科盲"仍有十之七八。顾均正与贾祖璋等满怀科学救国之志,投入冷门的青少年科普事业之中。顾均正先后翻译了《化学奇谈》《每日物理学》等欧美经典科普著作并刊发在《中学生》杂志上,他还率先引入了苏联科普作家伊林的《十万个为什么》《五年计划的故事》《不夜天》等经典作品,为当时极度匮乏自然科学学习资料的青少年读者推开了一扇窗。1934年起,顾均正、周建人、贾祖璋等应陈望道邀请,在《太白》半月刊写科普小品。自此,顾均正的科普事业一发不可收,绵延近半个世纪,1935年,顾均正与贾祖璋等人出版了科学小品集《越想越糊涂》,甚至中华人民共和国成立后的首部《高级小学自然课本》就由他们二人编写。

顾、贾二人同为科普小品文的奠基人,出身、教育与职业经历也都甚为相似,但他们的写作兴趣迥然不同。贾祖璋擅长散文,如《花儿为什么这样红》《南州六月荔枝丹》等名篇,都是以优美的文笔将科学知识娓娓道来,而顾均正主攻科幻小说,既有天马行空的想象力,落点又无不在于对民生疾苦的关怀。

抗战时期,上海租界势如孤岛,顾均正家境清贫,全靠一支笔维持生计,处处捉襟见肘。巴金曾回忆道:"我去找他,总是看见他那淡淡的笑容。我认为他勤劳半生不应当生活得这样艰苦,我为他感到不平。他却带笑说:'以后会好起来的。'"

顾均正把"好起来"的梦想写进了小说中,如《和平的梦》描绘了一场虚拟的世界大战,讲述了某国科学家发明了能够改变他人思维的无线电波,然后通过这种电波影响敌对国家,从而争取和平的故事。——而现实中的世界大战毕竟不是科幻故事,在风雨飘摇中,和平的梦难以为继,连《科学趣味》这本刊物都只维持了三年,没有等到和平即告停刊。不过,以这本期刊为阵地,中国首次集结起了一小批科学、科幻爱好者，并在更多年轻人心中播下了科学的火种。

从1920年代起，顾均正在上海出版界耕耘30年。1950年，开明书店从上海迁到北京，顾均正也随之赴京。不久后，开明、三联、商务、中华、联营五家书店的发行部门合并为中国图书发行公司。1953年，开明书店与中国青年出版社合并，顾均正任副社长兼副总编，主管自然科学读物的工作。

已过知天命之年的顾均正，在中华人民共和国成立后再度燃起了工作的激情。1950年代，他组织编译了一批苏联科普读物，如别莱利曼的《趣味几何学》《趣味代数学》《趣味物理学》等。同时还重新整理了苏联科普作家伊林的著作，根据伊林本人的意见出版了《伊林选集》9卷。1960年代，顾均正物理小品集《不怕逆风》出版，其中《开水的声音》《一加一不一定等于二》等篇目曾进入各地辅助教材，成为几代人的科学启蒙之作。

作为中国出版界的早期骨干，顾均正于1951年加入中国民主促进会，后当选为北京市政协副主席。在"文革"中，他顶住巨大压力坚守底线，尽力维护文化界人士。1980年，顾均正病逝，后来，巴金先生在《随想录》中深情回忆道："他（顾均正）是那么善良，我从未听见他讲别人的坏话，他也并不抱怨生活。我看见他在病床上忍受巨大的痛苦，却还是那么安静。他默默地死去，不会有什么遗憾吧。他没有浪费过他的时间，他做到了有一分热放一分热，有一分光发一分光。他是一个不自私的人。"

# 褚应璜:大用纵横掣电机

## 寻踪地:中山路天官牌楼

年长的嘉兴市民都知道,老城县前街口,也就是现在的中山路上天官坊,是个出"文曲星"的地方,清代知名书香门第,状元汪如洋家族就曾居住于此,而到了20世纪,牌楼东侧的望族褚家人才辈出,著名的电机制造专家褚应璜院士就是其中的杰出代表。

褚应璜像

这一支褚家与梅湾街的褚家系出一脉,褚应璜应与褚辅成之子褚风章等同辈。不过与扎根在嘉兴的褚辅成家族不同,褚应璜之父褚铭泰毕业于清朝京师译学馆,曾在河南开封任英文教员,因此1908年,褚应璜就出生在那里。1914年,褚家迁到南京,子女也在南京接受了基础教育。17岁时,正在江苏省立第一中学念高二的褚应璜一鸣惊人,考上了南洋大学(现上海交通大学)电机工程学院电力系。

1931年,褚应璜大学毕业,留校担任助教。当时,共产党人乔魁贤在交大建立了共产党外围组织,褚应璜是小组的主要成员之一,钱学森也经常来参加讨论会。九一八事变爆发后,全民抗日情绪高涨,青年学生走在了抗日救国运动前列。从9月到11月,上海交大学生三次组织到南京请愿,褚应璜也积极参与其中。

20世纪二三十年代,电机工程在全世界都是朝阳学科。1934年,青年助教褚应璜就获得了投身实业的机会,在老师的推荐下,褚应璜调往上海华成电器厂参与筹建工作,主要负责设计制造交流异步电动机和电动机控制设备。在他的领导下,首例交流异步电动机系列产品和电动机控制设备研制成功。

此后，褚应璜受聘担任国民政府资源委员会中央电工器材公司电机厂工程师。

1942 年，褚应璜官派前往美国，赴美国西屋电气公司工程师学校进修，并于 1945 年任中国驻西屋公司技术代表。此后两三年中，在他的建议下，国民政府又派遣了一批具有工作经验的工程技术人员前往美国实习，培养出了一批电机电器制造工程技术人员、车间技术员及各类管理人员。

在远离战火的大洋彼岸，褚应璜并没有沉溺于繁忙的工作与优裕的生活之中。大学时期接受的进步思想熏陶早已在他心中埋下了火种。在美国期间，他就秘密与党组织建立了联系。

1948 年，40 岁的褚应璜完成了在美国的进修，打算回国，当时西屋电气公司承诺给他月薪 1000 美元，并将其子女接至美国，希望他能留下。但褚应璜毅然拒绝，并于当年 8 月回国。次年初，他拒绝了国民党政府的高薪聘用，在中共上海地下党组织的帮助下由香港辗转来到北平，向周恩来等中央领导汇报了在美国西屋电气公司培训技术人员的情况，并向中央提出了调集这批实习人员集中东北，建设新中国电器工业基地的建议。

褚应璜不仅是顶尖的技术专家，也是工业领域难得的“将才”，在他的精心栽培下，这群在解放战争期间由国民政府派遣出去的技术人才，后来大多投身于中华人民共和国工业化建设之中，作出了巨大的贡献。1953 年，褚应璜被委任为国家第一机械工业部电器工业管理局总工程师，并负责筹建北京电器科学研究院。1955 年，根据苏联科学院电机院士柯斯琴科关于中国应早日实现铁道电气化的倡议，褚应璜向电力部、机械部领导推荐，并提出采用交流单相制 50 赫兹频率的供电系统与电力机车选型等具体建议。这一建议对后来迅速实现宝成铁路秦岭段电气化及建立中国电力机车生产基地起到了有力的推动作用。这一年，因在我国电机建设领域作出了卓越贡献，褚应璜当选为中国科学院院士（学部委员）。

1956 年，褚应璜参与制定了国家《十二年科技发展规划》，并主持电气工业部分的编写工作。至今，我国仍沿用着他制定的统一电工标准。褚应璜还主持设计了哈尔滨电机厂第一期工程，组织了我国中小型电机系列、配电变压器系列、低压电器系列的研制和统一设计。1960 年代，褚应璜负责组织了电工通用产品的第二代统一设计，开始在我国推行国际电工标准。指导研制 10 万千瓦水轮发电机组，为我国生产大型水电机组奠定了基础。

进入 1980 年代后，褚应璜从领导岗位卸任，但仍在不惜余力地负责国际电工标准的技术咨询和推广工作，主持制订了我国电压、电流与频率等级标准，参加了小型异步电动机、低压电器更新换代的研究讨论，推动大型发电机的最新冷却方式的研究，为我国电器工业接近和赶上国际先进水平作出了贡献。直至晚年，他还为地方工业发挥余热，主动为无锡发电设备厂担任顾问，不取报酬，自贴费用，指导该厂研制成具有国际水平的 2 千瓦、5 千瓦无刷单相同步发电机和多种规格的同类产品，出口到美国、澳大利亚等 13 个国家和地区。他著有《电器工业十年回顾与展望》《国际电工委员会的概况及其标准在我国推行中存在的问题》等。发起并组织编写《机电能量转换》及《中小型水轮机》。可以毫不夸张地说，新中国电机工业发展史的开头几章，由褚应璜执笔。

与中国共产党并肩战斗了半个世纪，褚应璜一直以共产党员的标准要求自己。早在 1960 年代初，褚应璜就提出了加入中国共产党的要求，但因种种原因未能如愿。1985 年 3 月下旬，病危之际的褚应璜通过来医院探望自己的友人，向党组织表达了加入中国共产党的愿望。三天后，上级党组织专门派人赶到病房，宣布褚应璜经批准正式加入中国共产党。

1985 年 4 月 21 日，褚应璜在北京与世长辞。他生前曾说："我认识的人多，所以我就在工厂和科研单位之间搭桥，目的是促使科研单位的研究成果能在生产上应用，为我国电工产品进入国际市场贡献力量。"而今，故乡嘉兴"科技蓝色"蓬勃发展，科研创新与先进制造业齐头并进，院士当年的实业梦、强国梦正在红船旁稳步前行。

# 谭其骧:看遍神京百二州

## 寻踪地:勤俭路椿树弄

嘉兴市区勤俭路与建国路交叉口有条一百多米长的小路,名叫椿树弄。这条弄堂在粗略一点的嘉兴市区地图上不一定有标注,但近百年前,从这里走出来的三个人,都在学术史上留下了熠熠生辉的坐标。

谭其骧像

1919 年,椿树弄口的谭家小楼的后院里租住着原直隶总督署文案王甲荣一家,弄堂里新开了一个名叫景兰医院的中医诊所。而谭家刚上小学的儿子谭其骧活泼调皮,时常看着王甲荣 19 岁的儿子王蘧常练字,追着景兰医院 18 岁的年轻院长唐兰喊“白花郎中”。数十年后,王蘧常以书法闻名,抗战胜利后长居上海;唐兰弃医从文,北上守护故宫;而年纪最小的谭其骧,却走过了最长的路,看过了最多的风景。

谭其骧并没有出生在椿树弄。他的父亲谭新润是个前清秀才,因为 1905 年科举废除,与当时许多嘉兴知识分子一样,选择了东渡去日本学习铁道专业。1911 年谭其骧出生时,父亲在京奉铁路工作,职务是皇姑屯车站站长。第二年,谭新润因病去职南归,带着家小回到了故乡嘉兴。谭新润是南社成员,后来曾任《嘉兴日报》主笔。因此谭其骧从小就接受了较为开放进步的家庭教育。他在家乡读了家塾,后来又一路顺顺利利地读小学,进秀州中学。

秀州中学是教会学校,当时对学生的思想和行为管束极严。谭其骧不满学校的氛围,15 岁高中未毕业就愤然离校,跑到上海直接投考上海大学,被社会系录取。

在民国时期的大学中,上海大学相当“另类”。这是中国共产党人创办的第一所正规大学，以“养成建国人才、促进文化事业”为宗旨，对青年工作和马克思主义理论教育进行了大量实践探索。谭其骧就读的社会系，首任系主任为瞿秋白，当时社会学系开设了辩证唯物主义和历史唯物主义、私有财产及国家起源、通俗资本主义、科学社会主义等课程，这在当时的大学中是极为少见的。

朝气蓬勃的上海大学对谭其骧的思想影响巨大，他加入了共青团，经常跟随党组织上街发传单、演讲，甚至还携带着手枪参加过上海工人第三次武装起义。不过他刚读了一年，上海大学便因“四一二”反革命政变而停课，谭其骧也一度被捕入狱。被保释出狱后，谭其骧与组织失去了联系，为了继续学业，他南下转学入暨南大学。当时暨大还没有社会学系，谭其骧先读中文系，次年转入外文系，不久再转入历史系。接受了上海大学进步思想的熏陶，谭其骧在暨南大学找到了自己的志趣所在，他郑重写下一段话：“其骧十五以前浑浑噩噩，十六、十七献身革命，十八而志于学，从今而后，矢志不移。”

虽然在暨大读的是历史，但谭其骧仍然对社会学充满兴趣。他受到社会学家潘光旦的赏识，在潘的指导下，谭其骧写出了七八万字的毕业论文《中国移民史要》，受到潘光旦的好评。1930 年，谭其骧进入燕京大学读研究生，受到历史学家顾颉刚的青睐。1934 年，顾颉刚在给胡适的信中对谭其骧极力称赞：“谭君实在是将来极有希望的人，他对于地理的熟悉，真可使人咋舌。任何一省，问他有几县，县名什么，位置怎样，都能不假思索地背出，对于地理沿革史，夙有研究兴趣，且眼光亦甚锐利。”

1934 年，顾颉刚与谭其骧共同创办了一个专门研究历史地理的学会，以我国最早一篇系统描述全国自然、人文地理的著作——《禹贡》作为名称，并决定创办《禹贡》半月刊，作为学会的机关刊物。学会有力推动了历史地理学科的起步，也造就了一批中国最早期的历史地理学者。1942 年起，谭其骧在浙江大学史地系开设“中国沿革地理”课，招录研究生，结合地方特色从事专题研究，还尝试编绘历史地图。

中华人民共和国成立后，谭其骧回到了他当年学习与战斗过的上海，在复旦大学担任教授。1950 年代，新中国启动了《中国历史地图集》编绘工作。谭其骧成为这一国家级学术工程的主持者，全国 200 多名相关领域的专家学者参与其中。

仅在确定疆域方面，这套地图集就有不可磨灭的贡献。对于历史上的中国及其疆域范围问题,谭其骧提出原则:“十八世纪五十年代清朝完成统一之后、十九世纪四十年代帝国主义入侵以前的中国版图,是几千年来历史发展所形成的中国的范围。历史时期所有在这个范围之内活动的民族,都是中国历史上的民族,他们所建立的政权,都是历史上中国的一部分……有些政权的辖境可能在有些时期一部分在这个范围以内,一部分在这个范围以外,那就以它的政治中心为转移,中心在范围以内则作中国政权处理,在范围外则作邻国处理。”(谭其骧:《中国历史地图集》总编例)这一编绘原则的确立不仅解决了《中国历史地图集》在编纂过程中的难题,也为中国历史地理的研究确定了空间范围。这部 8 册地图集,始自商周,截至清代,收录全部可考的县级及县级以上的行政单位、居民点、部族名,还包括主要的河流、湖泊、山脉、山峰、运河、长城、关隘和海岸线、岛屿等约 7 万余地名,共有 20 个图组,304 幅地图。除了历代中原王朝外,还有各民族在边疆建立的政权。

1974 年,这套地图集首次出版,谭其骧在《七十自述》一文中自豪地写道:“很明显,这已经不是杨图的改编修订,而是一部新编的前所未有的大型历史地图集。”这套地图集的成就毋庸置疑。葛剑雄在《谭其骧:触摸祖国的山川河流》(《社会科学学报》2011 年 8 月版)一文中写到:“这是当今内容最为详确的中国历史政区地图集,在我国边界谈判和外交、国防、社会主义建设中发挥了重要作用,被中央领导誉为新中国社会科学最重大的两项成就之一。”

1991 年,谭其骧留下遗嘱,捐资两万元,设立“禹贡基金”,为中国历史地理研究尽了自己最后的一份力。

# 陈省身：平生造化爱几何

## 寻踪地：建国南路567号中国工商银行嘉兴陈省身支行

嘉兴市区南北向商业干道建国南路上，有家中国工商银行支行名叫“嘉兴陈省身支行”。银行门口的石柱上镶嵌着陈省身的浮雕头像，下方有一行小字：“数学家陈省身一九一一年出生于此”。

陈省身像

这是一家由陈省身亲自命名的银行——1990年代初城市改造时，陈省身同意将老宅改建为银行储蓄所，并主动提出：“那就叫陈省身储蓄所吧。”

一则轶事，背后是大半个世纪的乡愁。1911年九月初七，市区下塘街开明士绅陈家长子出生，父亲陈宝桢取曾子“吾日三省吾身”之语，为子命名“省身”。

陈宝桢是前清的秀才，但并非迂腐之辈，辛亥革命后，他很快对“新学”发生兴趣，不久考入浙江法政学校，毕业后就在杭州法政界供职。一次回家探亲时，陈宝桢给孩子们带回来一本《笔算数学》，没想到刚刚学会加减乘除的陈省身对此爱不释手，独自完成了大量习题。

因为惧怕老师私塾式的体罚教育，陈省身只上了一天初等小学，9岁时直接以优异的数学成绩考入秀州中学高小就读。不过，陈省身在嘉兴求学的生涯非常短暂。1922年，陈宝桢携全家北上，到天津法院任职。次年，陈省身考入天津扶轮中学。那时他刚过11周岁，是初一年级最小的学生。

中学期间，陈省身的数学天赋初露峥嵘，当时他有一篇发表在校刊《扶轮》上的文章，题目是“一几何定理之十六个证法”，讲的是“弦切角定理的多种证明方法。所谓弦切角定理是指弦切角等于它所夹的弧所对的圆周角”。这当然谈不上是高深的数学研究，但民国时代的中学生能有此学术兴趣和钻研能力，是极为罕见的。

陈省身曾专门撰文回忆，1925 年，他父亲的老同学、嘉兴籍数学家钱宝琮北上天津，任南开大学数学系教授，正是在他的建议下，陈省身决定南开大学攻读数学。在大学期间，南开大学数学系创立者姜立夫将他引入了几何学研究。本科毕业后，陈省身升入清华大学研究生院，并确立了微分几何的研究方向。期间，陈省身发表了第一篇数学论文，还遇到了他未来的博士生导师、德国数学家布拉施克(Wilhelm Blaschke，1885—1962)。

毕业后，陈省身赴德跟随布拉施克学习并获博士学位，后又在布拉施克建议下，赴巴黎跟随嘉当做博士后研究。

1937 年，陈省身回国后在西南联大任教，期间他根据联络的概念，给出了二维曲面上高斯-博内公式的内蕴证明。1943 年 8 月，陈省身赴普林斯顿，两个月后完成了《闭黎曼流形高斯-博内公式的一个简单的内蕴证明》论文，次年发表于《数学纪事》。在不到六页纸的篇幅中，他运用嘉当首创的外微分方法，通过单位切丛上的超度，给出了高斯-博内公式的内蕴证明，创造了整体几何(也称为大范围几何)崭新的研究方法，从此，外微分、联络、标架、丛等成为微分几何的标准用语。

1945 年，陈省身在美国数学会上作“大范围微分几何若干新观点”演讲，对纤维丛理论和外微分方法做了系统阐述。后来担任国际数学家联盟主席的瑞士数学家霍普夫称此次演讲“表明整体微分几何新时代的到来”。同年 10 月，陈省身完成了《埃尔米特流形的示性类》论文，次年发表于《数学纪事》，发现了复流形上一种新的不变量“陈类”。1946 年，陈省身发表示性类论文，1954 年杨振宁发表规范场论，陈省身说：“我们竟不知道我们的工作有如此密切的关系。二十年后两者的重要性渐为人们所了解，我们才恍然我们所碰到的是同一头牛的不同部分。”

1975 年，陈省身通过规范场论，让微分几何与理论物理发生了联系。也正是那一年，1975 年，杨振宁通过西蒙斯的帮助，开始用微分几何的纤维丛理论解释物理学现象，同年，他和吴大峻发表的论文《不可积相因子概念和规范场的整体公式》，把规范场术语和纤维丛术语做了对应。杨振宁为此专门题诗赠于老师陈省身：

天衣岂无缝，匠心剪接成。浑然归一体，广邃妙绝伦。
造化爱几何，四力纤维能。千古寸心事，欧高黎嘉陈。

一句“欧高黎嘉陈”将其与欧几里得、高斯、黎曼和嘉当并列。陈省身就是20世纪下半叶的几何学。这是国际数学界的一项共识。1984年5月，陈省身获得沃尔夫奖。

1972年，去国二十余载的陈省身第一次回国。此后，他为提升中国数学水平作出一系列努力，培养中国年轻的数学研究人员，缩短中国数学与国际数学的差距和隔膜。1979年，陈省身从加州大学伯克利分校退休，此时，他做出了“最后的事业在中国”的决定。

1985年10月17日，南开数学研究所成立，他担任第一任所长，定下“立足南开，面向全国，放眼世界”的办所宗旨，1985年到1995年，十一年里，南开数学研究所举办了12次学术年会，这一模式后来被李政道称为“陈省身模式”。

去国离乡大半生，陈省身心中不止有抽象高深的数学，还装着一个美丽而亲切的故乡。他曾对嘉兴的记者回忆儿时风光：“小时候的家在人民路（即下塘街）上，房子是木结构的。背面的窗外有一条小河，那时还通船，自己喜欢趴在窗上，看两面对驶过来而互不相让的船主们吵架。在祖母的臭卤坛子里，可以浸出许多味美的小菜来。”

数学与乡愁，是他毕生的牵挂。2004年4月，他最后一次回到家乡时曾说：“我在美国时，老是想念祖国，现定居天津。现在又想念嘉兴了，不知何时能在嘉兴有所数学研究所。”而今，他生前曾担任名誉院长的嘉兴学院建起的数学研究所正在蓬勃发展，嘉兴学院还专门设立了“陈省身奖”，十多年来激励了许多优秀学子成长为栋梁之材。先生若有知，亦当深感欣慰。

# 朱生豪：可奈衷情不自持

## 寻踪地：禾兴南路83号朱生豪故居

禾兴南路南湖大桥下来，过去有条小街叫南大街东米棚下。相比附近游人如织的西南湖和范蠡湖，梅湾街和南门头，这里算是闹中取静。紧邻禾兴南路有个小小的旧式院落，近年来意外成了网红，总有人专程前来，为的就是“在茅亭里看雨，假山边看蚂蚁，看蝴蝶恋爱，看蜘蛛结网……”

朱生豪像

这段文字出自翻译家、诗人朱生豪写给夫人宋清如的情书。而这个小院，自然就是朱生豪的故居了。这位民国才子离世已近八十年，他的名字依然无人不识。他是专家和文学爱好者心目中最优秀的莎士比亚中文译者之一，也是现如今互联网上口口相传的一个“东方式的浪漫情圣”。

优秀是真，深情是真，而南大街东米棚下的朱先生匆匆一生，却远没有故事中那么从容浪漫。1912年，朱生豪出生在一个没落的小商贾之家，是三兄弟中的长子。家里虽不宽裕，却很重视教育，朱生豪9岁以甲等第一名的成绩小学毕业，保长专程送来红纸报单，他成了家庭的荣耀、邻里竞相夸赞的神童。然而，愉快的童年很快戛然而止，升上秀州中学不久，朱生豪的父母接连去世，年幼的孩子们只能投亲靠友、寄人篱下。

可能是因为家庭变故，朱生豪性格变得极为内向，他自己承认：“一年之中，整天不说一句话的日子有一百多天，说话不到十句的有二百多天，其余日子说得最多的也不到三十句。”当时的秀州中学是美国南长老会所设立的教会学校，校长是美国人窦维思。这位窦校长是著名教育家杜威的学生，推崇“教育即生活”和“学校即社会”的理念，对于学生的发展关怀备至。朱生豪虽然性格内向，但他一次次在校刊《秀州钟》上发表诗歌、论文，中英文写作的水准远远超出了同龄人。因此，窦维思不仅盛赞其为“天才”，还出面申请了全额奖学金，保送其到同为美国南长老会背景、北伐战争后刚刚复校的之江大学深造。不久后，窦维思赴之江大学任教，更是破格聘任17岁的朱生豪为自己的助教。

在大学期间，朱生豪很快就有了“之江才子”的雅号，成为了学校之江诗社的骨干力量。当时诗社的社长是词学宗师夏承焘教授，他在日记中专门评价朱生豪：“其人今年才二十岁，渊默如处子，轻易不肯发一言。闻英文甚深。之江办学数十年，恐无此未易才也”。

在之江诗社，朱生豪展露了惊人的才华，也遇到了动人的爱情。1932年，诗社里来了位小他三届的学妹宋清如。她出身常熟的书香门第，被认为有“不下于冰心女士之才能”，又极富个性，从不调脂弄粉，常说“女性穿华美衣服是自轻自贱”“认识我的，是宋清如，不认识我的，我还是我”。

金风玉露一相逢，便胜却人间无数。文静清秀的才子与美丽爽朗的才女，很快成了之江畔人人称羡的一对。很快，朱生豪大学毕业，赴上海世界书局当英文翻译。临别之时，朱生豪赠宋清如三首《鹧鸪天》。其中有“飞花逝水初无意，可奈衷情不自持”“谁知咏罢河梁后，刻骨相思始自伤”等句，一往情深，感人肺腑。

1930年代的上海，出版业是朝阳产业，朱生豪很快在翻译圈里崭露头角。当时中国没有完整的莎士比亚译本，朱生豪雄心勃勃，将填补这一空白视为自己的目标。1936年宋清如毕业后去湖州一中学任教，同时也为朱生豪做些编辑校对工作。

然而抗战爆发，触手可及的幸福成了镜花水月。1937年8月13日，日军进攻上海，朱生豪逃出寓所，随身只带有牛津版莎士全集和部分译稿。随着世界书局被占位军营，已交付的各种手稿全部被焚。此后，江浙沦陷，宋清如先后逃到重庆、成都教书。次年，世界书局退守租界，朱生豪次年重返上海工作，1939年去新成立的《中美日报》社任编辑，不遗余力地投身于抗日宣传之中。

我住长江头，君住长江尾。朱生豪与宋清如恋爱了十年，其中九年都是在纸上谈的。1942年，二人终成眷属，夏承焘送了一副对联：“才子佳人；柴米夫妻。”一时传为佳话。

才子佳人,琴瑟和鸣,自然是浪漫的。一次小别,朱生豪写下了这样优美的文字:“一夜我都在听着雨声中度过,要是我们两人一同在雨夜里做梦,那境界是如何不同,或者一同在雨夜里失眠,那也是何等的有味。可是这雨好像永远下不住似的,夜好像永远也过不完似的,一滴一滴掉在我的灵魂上……”

寥寥几句,字里行间全是深情。婚后,宋清如成了朱生豪译莎事业的最大助力,他仅用了半年就翻译了 9 部喜剧,译文质量获得了文学界的高度肯定。

然而战乱年代,才子佳人的柴米油盐也是大问题,在乱世中,多年离别换来的美满姻缘只持续了两年。朱生豪本就体弱,1944 年秋,在长期的营养不良与超负荷工作下,他一病不起,12 月 26 日中午,病榻上的朱生豪大喊一生:“小青青,我要去了!”就此丢下了宋清如和年仅一岁的儿子。

朱生豪生前曾对宋清如说:“要是我死了,不要写甚么在碑版上,请写在你心上:这里安眠着一个古怪的孤独的孩子。”

1997 年,宋清如去世。在朱生豪走后的半个多世纪里,她不仅独自完成 180 万字遗稿的全部整理校勘工作,交由世界书局出版,还在朱生豪弟弟的协助下,翻译完成了朱生豪未竟的五部半莎剧,完成了丈夫的意愿。

朱生豪之墓毁于“文革”,宋清如与当年旧物,莎士比亚手稿和往日书信一同安葬。在她的墓碑上,铭刻着朱生豪那一段缠绵的雨后情书:“要是我们两人一同在雨声里做梦,那境界是如何不同;或者一同在雨声里失眠,那也是何等有味。”

# 陶诗言:看取风云布九州

## 寻踪地:嘉兴市第一中学

“小时候在嘉兴,家里门前有条弯弯的小河,我读书时喜欢在河里摸鱼捉虾,顽劣得让老师头疼……”2009 年的一天,中国科学院中关村家属大院里,一位精神矍铄的银发老人向来访的《中国气象报》记者悠悠讲起往事,浓浓的江浙口音里,流露出无限的眷念之情。

陶诗言像

这位老人是我国当代天气预报理论和方法的开拓者之一、国际知名的季风研究专家、中科院院士陶诗言。他的一生,行走过茫茫戈壁,穿越过大江大河,探寻过无数风云变换。而这一切的起点,就在范蠡湖畔。

1919 年 8 月,陶诗言诞生于嘉兴县的一个书香门第,他的父亲陶传鼎先是在嘉兴县中学做教员,1930 年代初去了南京国民政府当小公务员。陶诗言在嘉兴一中上初中时,孤身一人留在老家,这段“留守儿童”的经历让他早早懂事,每次放假都能带着 10 元钱奖学金去南京见父母。初中临毕业,他跳级到当时著名的南京中学,终于与父母团聚。

在抗日战争的烽火中,19岁的陶诗言再次离开家人,考进重庆的国立中央大学,先是读水利系,次年转到了地理系气象专业学习,与后来他一生的事业伙伴、原中国科学院大气物理研究所所长顾震潮成为同班同学。

1942年,陶诗言毕业,获理学学士学位,并留校任助教。两年后,时任中央研究院气象研究所代所长的赵九章到中央大学挖掘人才,中国近代气象科学的奠基人之一涂长望教授就将自己的得意门生陶诗言推荐了过去。第二天,赵九章找陶诗言谈了半个小时后,对他说:“明天上午有个车过来,你跟我走。”在涂教授的帮助下,陶诗言铺盖一卷就上路了。

位于重庆近郊的中央气象研究所考核相当严格,每年能留下的年轻人不到五分之一。严格的体制下,陶诗言更加发奋。在这里,他得到了当时兼任浙江大学校长的竺可桢的亲自点拨,得到了赵九章等国内外一流的教授学者手把手地精心教诲。

在重庆郊外,陶诗言脚踏满目疮痍的大地,仰望着风云变幻的苍穹,而随后的几十年,他还将望得更远。1949年,中华人民共和国成立,一个月后,中科院成立,赵九章为地球物理研究所所长,不久后军委气象局(时任局长正是涂长望)和中国科学院建立了联合天气分析预报中心(简称“联心”),顾震潮为主任,陶诗言任副主任。1950年底由陶诗言率领中国科学院地球物理研究所气象组大批人员,从南京到北京参加“联心”工作。他们带领“联心”的同志们完成了两项艰巨任务,一是向抗美援朝战争提供军事气象保障,二是向国内发布天气预报。陶诗言在大气预报员岗位上一呆就是5年。1954年7月,长江遭遇了百年不遇的特大洪水,8月下旬,汉口长江水位创历史新高,且连续6天居高不下,城市岌岌可危。因此,有人提出要在上游炸堤分洪以保卫汉口。千钧一发之际,陶诗言果断地“与老天爷叫板”,根据对气象资料的分析,预报暴雨即将终止。8月18日,长江水位开始下降。陶诗言等人的准确预报,避免了因炸堤分洪给国家造成大量财产损失,也使数以万计的当地居民免于辗转迁徙。

1960年代初,中国的核弹、导弹研究进入高潮,但由于对发射点的和爆炸点的气象条件把握不到位,导弹观测连续失败了几次。为解决这一问题,时任核试验委员会主任委员、现场试验总指挥的张爱萍上将点了陶诗言的将。

“我到部队里做气象保障,就是保障导弹发射场附近不能有云,特别是卷云以便用肉眼观看导弹在空中的姿态。沙漠里虽然经常晴空万里,但西北戈壁沙漠中常常出现高云。而云是气象预报中最难保准的。那时条件可以说苦的要死……”在晚年的采访中,陶诗言对当时的场景历历在目。

来到戈壁滩上,陶诗言面临的第一个挑战就是设备,那时中国几乎没有先进的气象探测设备,作气象保障全凭多年气象研究的经验和实践。为了确保万无一失,他废寝忘食地开展观测,逐渐掌握了戈壁沙漠天气变化规律,并创造性地设计出了科学有效的观测方法,在酒泉卫星发射基地,还创造了云区分析方法。从 1964 年至 1972 年,陶诗言共去两弹试验场 6 次,每次 3 个多月,不仅圆满完成了气象保障任务,而且还培养了一批军事气象青年技术骨干。为此,中央军委给陶诗言记一等功一次,二等功一次。

江南水乡走出的读书郎,在西北戈壁名声大振。而走出戈壁后,他的气象事业还在一直向前延伸:1975 年 8 月,由于超强台风“莲娜”导致的特大暴雨引发淮河上游大洪水,河南省驻马店地区包括两座大型水库在内的数十座水库漫顶垮坝,造成 1015 万人受灾,超过 2.6 万人死难,直接经济损失近百亿元。暴雨之后,陶诗言潜心研究暴雨成因。他首先分析了中国历史上近 50 年来发生的大暴雨个例,对中国的持续性暴雨成因作了深入研究。他发现,一些主要的高空槽、脊系统持续地出现在某些特定地区时,地面上的锋带和气候路径以及降雨带便有集中和稳定的趋势,这就容易引起严重的持续性暴雨和洪涝。他的这一论点比美国气象学家提出形成区域性暴雨的“集中机制”早数年。陶诗言的这个观点后来被广泛地应用于我国许多人暴雨的分析。

1980 年,他研究暴雨的专著《中国之暴雨》出版,这是我国第一本系统论述暴雨各方面问题的专著。本书概括了中国暴雨的类型及预报方法,为暴雨预报及研究的发展打下了基础。该书 1992 年荣获中国科学院自然科学奖一等奖。

即使到了晚年,这位中国气象学泰斗也从未停止叩问苍天。2008 年,南方雨雪冰冻极端气象灾害,造成了巨大损失。90 岁高龄的陶诗言依然带着学生奋战在研究第一线,经过多海量资料的反复分析,他用“冬行夏令”一词准确地概括了那次环流反常的基本特征。2012 年,北京“7 · 21”特大暴雨震惊世界,陶诗言第一时间要求学生认真分析、开展研究——这是他布置的最后一项学术任务,4 个月后,这位“与老天爷叫板”近 70 年的气象学大师在北京逝世。

# 黄昆：到凌云处总虚心

## 寻踪地：河东街

2001年度国家最高科学技术奖获得者黄昆曾这样告诉媒体："嘉兴，是我的籍贯地。我填表格时一直是这样填写的。在我五岁之前，曾在嘉兴生活了两三年。没有印象了。听长辈说，我家好像住在河东街一带。我常常关注从家乡出来的人，当知道这个人也是嘉兴人时，会感到非常高兴……"

黄昆像

这位河东街走出来的院士是中国半导体的"一代宗师"。他1919年出生于北京的一个银行高级职员家庭，1937年考入燕京大学物理系，考取西南联合大学理论物理研究生，导师为物理学家吴大猷。

时隔多年，在西南联大和黄昆同住一屋的诺贝尔奖得主杨振宁仍然念念不忘："我一生中最重要的一年，不是在美国做研究，而是当时和黄昆同住一屋的时光。"有一次，为弄明白量子力学中"测量"的含义，两人从白天一直讨论到晚上，最后是上床后又爬起来，点亮蜡烛，翻看权威资料来解决争论。

在黄昆从西南联大毕业的1944年，他考取了"庚子赔款"英国公费留学——这场考试人们期待了四年，而物理学只录取两名，他成为了国际著名固体物理学家莫特（1977年获得诺贝尔奖）的研究生。

1945年8月，黄昆来到布里斯托大学，他是"二战"结束后莫特招收的第一个博士生。初出茅庐的黄昆在莫特教授的指导下，完成了题为《稀固溶体的X光漫散射》的论文，大胆提出了关于杂质和缺陷X光的散射理论模型。二十年后，德国科学家在实验室中证实黄昆的理论预言，国际学术界随即称之为X

光“黄散射”。在做博士后研究的三年里,黄昆有一半时间在他所仰慕的爱丁堡大学玻恩教授手下做访问学者,并由他执笔,与这位年近七旬、精力不济的大师合作完成《晶格动力学》。到而立之年,已将三个“黄”氏理论——“黄散射”“黄理论”“黄方程”镶入了世界物理学丰碑。

获得诺贝尔奖的玻恩在给爱因斯坦的信中曾说:“我现在正在跟一个中国的合作者黄昆博士完成一本晶格的量子力学的书。书稿内容现在已经完全超越了我的理论,我能懂得年轻的黄昆以我们两人的名义所写的东西,就很高兴了。”《晶体动力学理论》1954 年由牛津大学出版社出版 ,成为该分支学科的基本理论著作,是该领域科学工作者的必读之书。

1951 年底,32 岁的黄昆选择在他科学研究的黄金时间回国。他抱着投身于新中国建设事业的极大热情,踏上了阔别七年的祖国大地,任教于北京大学物理系。

当时,中华人民共和国成立不久,国家把培育人才的工作放在极为重要的地位。为培养新中国急需的人才,黄昆中断了自己已取得卓越成就的固体理论研究,从 33 岁到 59 岁,26 年的教学生涯,他全身心投入到教学工作中去。黄昆上课和他做科研一样都是从第一原理(即先不看已有文献,而是独立地从最基本的概念开始思考出发)。他孜孜不倦地创建了我国自己的普通物理、固体物理和半导体物理三门课程的教学体系,培养了无数的人才,从事“两弹一星”研究的许多科技人员都从这里走出,或者曾经聆听过他的授课。

在黄昆看来,建立一个中国物理研究中心比他个人在学术研究上取得成就更有意义。1947 年,他给杨振宁的书信中曾这样写道:“像他(莫特)这样的少数几个人就支住了整个英国的科学研究,假如你要坚定地走科学研究这条路,还有什么比建立一个中国物理研究中心更让人兴奋呢? ……它的重要性应该比得一个诺贝尔奖还高。”

1977 年秋天,经历“文革”之后,已近花甲之年的黄昆在中科院半导体所重新开始了科研工作,出任中国科学院半导体研究所所长,他为中科院半导体研究所带来了重视基础研究的新风尚,培养和建立起了理论与实验结合、学术气氛活跃的半导体物理研究群体。他本人也迎来了科学研究的第二春。他与合作者提出的超晶格光学声子模的模型及准二维系统光学声子模的解析表达式,被国际物理学界广泛接受,并称之为“黄-朱模型”,被作为必读文献列入许多国外的专著和研究生教材中。

从“黄散射”到“黄方程”,从“黄-里斯因子”到“玻恩和黄”,以至“黄-朱模型”,黄昆院士在固体物理学发展史上建树了一块块丰碑。1955年,年仅36岁的黄昆当选中国科学院院士(学部委员),是时任学部委员中最年轻者;1980年被瑞典皇家科学院聘为外籍院士,当时瑞典皇家科学院物理学国外院士仅有15位,他们都是卓越的科学家,其中5位获得诺贝尔奖。

可以说,在物理学这座高山上,黄昆是登上了山巅的极少数天才之一。但无论站得多高,他的姿态总是那样朴素自然。2001年度国家最高科学技术奖颁奖后,曾有人问起500万元奖金怎么花的问题,黄昆首先想到的是,“司机希望能够解决汽车更新的问题”。后来,他用500万元奖金中的450万元成立了黄昆基金会,用来奖励一些年轻的优秀科技工作者。在黄昆的一次寿辰盛会上,北京大学物理系师生送给他一副对联:

渡重洋,迎朝晖,心系祖国,傲视功名富贵如草芥;
攀高峰,历磨难,志兴华夏,欣闻徒子徒孙尽栋梁。

先生之风,山高水长,这正是黄昆一生献身科学、献身祖国、献身教育事业的最好写照。

# 朱夏:江山未许此身闲

## 寻踪地:珠庵路

嘉兴城南有条珠庵路,原先这块地方属于南湖乡,又叫朱庵,以栽种桂花闻名。民国时,长居上海的嘉兴著名诗人朱大可时常呼朋引伴回乡赏桂赋诗。1930 年秋,朱大可 10 岁的儿子朱夏在朱庵挥毫写下四首赏桂诗,一时传为美谈。

朱夏像

“看花又报朱庵好,柔橹声声烟水中。”年少时就能写下这样的诗句,朱夏的文学天分不言而喻。然而后来的几十年里,这个天才少年却毅然离开了十指不沾泥的诗词,选择了风餐露宿、尘土扑面的地质事业。

1930 年代中期,朱夏考上了上海交通大学的物理学专业。但在象牙塔里格物致知的生活却似乎并不是他想要的。在那个风起云涌的时代,他与许许多多爱国青年一样,向往着脚踏实地,科学救国。1936 年,朱夏离沪赴南京中央大学专攻地质学,一心开发资源、建设国家。1940 年,朱夏从中央大学地质系毕业,以名列榜首的优异成绩被中央地质调查所录用,在所长黄汲清先生的指导下,在四川威远作路线地质测量及地质填图等基础工作,培养了严谨的工作作风。以此为起点,他养成了注重一线调查,收集一手数据的习惯。

1946 年,朱夏考取公费留学;翌年,与夫人严重敏一同赴瑞士深造;1949 年获瑞士苏黎世大学地质研究所博士学位。当年秋天,夫妇俩告别了瑞士的导师和同学,启程返回新生的祖国。他本想执教浙江大学,来到杭州拜访业师朱庭祜先生。朱夏把浙大执教的想法告知老师以后,朱教授却说:“有一个人现在对你很感兴趣,很想跟你谈谈。"这个人是朱夏中央大学校友,当时的浙江省工业厅厅长、中国科学院学部办公室主任顾德欢。

业师和学长叮嘱他:"尔年未三十,宜多从事野外实践,更直接地致力于新中国的建设,为人民服务。壮岁以后,再执教鞭,未为晚也。"

于是,未满30岁的朱夏迈进了筹备中的浙江省地质调查所。当时正值建国前夕,新生的共和国的经济建设正需要丰富的矿产资源作后盾。此后三十余年,朱夏踏踏实实走过了祖国的每一寸大地,一步步攀登上了中国地质科学之峰。

1951年初,华东军政委员会工业部部长汪道涵统筹华东地质力量,在上海建立了华东地质调查所,调朱夏赴上海,第一个任务是勘探山东的金矿。朱夏在勘查金矿过程中摸索积累了经验,又从国内外搜集相关资料,结合实际撰写了《中国的金》小册子。这是我国关于中国金矿的第一本专著。

1953年,地质部成立。1955年元旦刚过,朱夏转到了石油普查委员会工作,成为此部门的第一批成员。那年春天,地质部决定重新召开全国石油普查会议。朱夏主动请缨,到大西北开展野外工作。35岁的他被任命为地质部六三一队总工程师。由此,朱夏开启了生命中最辉煌的石油地质生涯。

在完成了准噶尔盆地周边地质调查,朱夏看到了新疆石油的希望。他将盆地石油普查结果和自己对盆地油气的见解写成报告,以《新疆准噶尔盆地的油气远景评价》为题,上报了全国石油天然气普查委员会。朱夏认为,盆地西北和东北部均有良好油气远景。

1955年夏,中央确定我国独立自主勘探克拉玛依。7月6日1号井开钻,10月29日井口喷出深层高产原油。朱夏看着自己的大胆推论变为现实,百感交集写下诗句

> 黑油山下试弓刀,和雪春泥满战袍。
> 莫指墨池愁腐鼠,惊雷破地看腾蛟。

朱夏后调入地质部石油地质局,被派往东北参加松辽石油大会战,任南部勘探指挥部总工程师。1959年9月26日下午4时,松基三井喷油,以此为开端,由石油部迅速组织,结果仅用了7个月,就拿下了7个产油构造。此时恰逢国庆10周年,于是此地被命名为"大庆油田"。基于朱夏为大庆油田的主要

贡献者之一，1978 年在改革开放后我国召开的首次全国科学大会上，朱夏荣获“全国科学大会奖”。

四十余年来，这位大地构造学家和石油地质学家一直坚持参加石油地质调查的实践活动。

从西北到东北，来自江南的朱夏见过了无数风景。他被誉为“地质诗人”，地质与诗词在他的生命中早已相辅相成。“克拉美丽大气田”，也是朱夏进入到亘古荒原，借鉴当地牧民的发音，以地质学家的远见，以浪漫诗人的情怀给此处取下的汉语名字。

朱夏通晓多国文字，一生著述甚丰。1970 年代初，朱夏将板块理论引入地质学研究中；他翻译了《板块构造的岩石证据与历史实例》和《动力地球学》，并成功地应用到中国的含油气盆地研究。

1980 年代末，朱夏自知年老体弱多病，但仍在争分夺秒地工作，犹如潺潺流水，没有停息。他在诗中自勉：

老去原知步履艰，江山未许此身闲。
传薪献曝心犹壮，烈士何尝有暮年。

一直到人生的最后，他在病榻上凝望着窗前的白玉兰，吟咏了最后一首诗，心中所想的，依然是蕴含着丰富石油与美丽风景的无限江山：

锦江春色自东来，衡岳浮云破晓开。
百岁玉兰矜老健，满庭芳草劝徘徊。

# 后 记

南湖区是红船起航地，也是江南水乡文化名城嘉兴的中心城区所在地，历史悠久，人文璀璨。南湖畔的水土养育我三十余年，家乡是我的骄傲，为她写点什么，也是我的夙愿。

名人文化是南湖区历史文化发展的重要标志，是家乡文化底蕴厚实的基石。我出生的小镇曾有陆贽的衣冠冢，高以永、王元启从这里出发，唐纪勋、梅元白在这里留下足迹。我求学过的嘉兴市第一中学，校友中不乏金庸、茅盾、郁达夫等名家巨擘，更有褚辅成、计宗型、汪胡桢、顾均正等英才辈出。毕业后在《嘉兴日报》当记者，在采访中探访过张先与岳珂登临过的子城，寻找过严助与紫柏真可留下的遗迹，更是无数次穿行于王蘧常、唐兰、谭其骧年少时嬉戏过的街巷。

也就是从那时起，我产生了以寻访名人踪迹为切入点，挖掘、介绍一批从家乡在现南湖区，或主要活动在现南湖区境内的历史名人的想法。感谢南湖区文化和旅游局、南湖区文联、南湖区作协的大力支持与指引，我有幸获得了2020年度嘉兴市文化精品工程重点项目的扶持，让这个有些异想天开的想法有了落地的机会。

这一趟寻踪之旅能够在笔尖成行，离不开许多师长的照拂。感谢我的老领导、嘉兴市作协杨自强主席，他不仅为本书作序，还主动审读全文，提出了许多宝贵意见建议。感谢南湖区文旅局、文联、作协的相关领导，从本书策划、资料准备、写作、校阅直到付梓，他们给予了无微不至的关怀与帮助。感谢本书的责任编辑、中西书局唐少波老师，他花费了许多心血精心编校，令我十分感动。此外，本书写作过程中，受到了嘉兴日报社综合新闻部、南湖分社、副刊部多位老领导、老同事的关心支持，在此一并深深感谢。

本书选取了56位南湖先贤，他们中既有古代清官名将，也有近现代先驱，既有文艺大家，也有科技名人、杰出工匠等，力求反映南湖区历史文化名人的总体面貌，汇成南湖区的名人文化五彩底色。因本人能力所限，难免挂一漏万,期待读者批评指正。

明清之际的大才子张岱阔别西湖二十八载后,曾说:“西湖无日不入吾梦中,而梦中之西湖,未尝一日别余也。”而今我离乡千日,南行千里,故乡风景与人文同样萦绕心头,那梦中之南湖,南湖之群星闪耀时,又何尝有一日与我分离?

戴纯青
2022 年 8 月于广州